MANAGEMENT SOLUTIONS

# MSOL経営システム

MANAGEMENT SYSTEM

――理論と実践――

高橋信也＝著

ダイヤモンド社

プロローグ

# 経営における理論と実践

私はこれまで30年ほど、さまざまな経営の知識を勉強し、コンサルタントの立場で経営の現場に携わり、経営者としても経営に携わってきました。また、アメリカに子会社を設立後は、2年半ほど家族とともに現地に住み、コロナ前は中国に毎月往復し、通算50回以上行きました。その他、インド、東南アジアなどでさまざまな企業における経営の直接的なインプットを行ってきました。

- 5社の大企業の経営コンサルティング（売上高数千億円から数兆円）
- 11社の会社設立（うち、5社はクローズ〈2社は海外〉）
- エンジェル投資家として5社へ出資（うち、1社は上場）

特に2005年に創業し、日本の大企業を中心に、プロジェクトマネジメントの実行支援を行っている株式会社マネジメントソリューションズ（以下、MSOL）は、2025年に創業20周年を迎えますが、2018年の上場後、目覚ましい成長を遂げています。売上げは上場時29億円から現在は200億円を超え、社員数は150名から1400名を超えています。

私はMSOLの経営および他社のコンサルティングを行う際、多くの経営理論から学んだものを応用してきました。しかしながら、企業規模の大小さまざまな経営者の方々との話を通じて感じたことは、経営理論をあまり理解していない、そもそも知らないという現実でした。

## 経営理論とは

世の中には「経営理論」と呼ばれるものが数多くありますが、経営理論はひとつの経営理論を学んでも、それがすべての経営に適応される絶対的なものではありません。MSOL経営システムを深く理解するには、このことをまず理解する必要があります。たとえば、著名な経営理論をまとめたジェームス・マクグラスとボブ・ベイツは、『経営理論大全』(朝日新聞出版、２０１５年)で、経営理論を「**一つの理論があらゆる状況で役立つことを期待するのはロンドンの道路地図がヨーロッパ全土で役立つと期待することに等しい**」と書いています。まさにそのとおりで、ＭＳＯＬ経営システムも数多くの経営理論から構築されています。

しかし、理論だけでは、実際の経営はできません。いろいろな経営理論を学び、それを実践で活用し、どのような効果が得られたのかを検証する。この一連のサイクルの学習が必要であり、重要です。理論を覚えたからといって、それで経営を学んだことにはならないのです。読者の皆さんには、このことをしっかりと認識してほしいと思っています。

私は１９９０年代後半頃、外資系コンサルティングファームに勤めていました。当時はインターネット上の情報もいまほど多くなかったですから、まずは知識を増やすべく、大量の本を買って読み漁りました。20代で累計１０００冊は超えたと思います。その後、２００５年に32歳で独立し、経営理論をベースにビジネスプランを練り、戦略分析を行い、考えに考え抜いたうえで、実際に経営を行ってきました。この間に、理論と実践の違い、理論の腹落ち感の低さなど多くの気づきを得ました。

日本の経営者は経験から経営を語ることが多いのですが、理論をきちんと学ばないのは問題です。私は、経営理論を通じて自分の経営を客観的に見ていく必要があると思っています。ミスミの名誉会長で第2期創業者といわれている三枝匡氏も、「**経営者は学者ではないので、全ての経営理論を学び、マスターすることは出来ない。しかも、理論は流行もあるから、それに振り回されてはいけない。大切なのは、『これが自分の基軸理論だ』というものをひとつでいいから徹底的に勉強し、現場での適用を含めてそれを身につけることだ**」（『ザ・会社改造――340人からグローバル1万人企業へ』（日経BPマーケティング、2016年）と述べています。私も、「自分にとっての古典だ」といえるものが必要だと思っており、それは後ほど述べるバランス・スコアカードです。もちろん、P・F・ドラッカーやバーナード・サイモン、チェスター・I・バーナードなどの理論も学び、実践で使ってきました。そして完成したMSOL経営システムは、私の学びとノウハウ、経験を融合させたものです。

## MSOL経営システムの全体像

MSOL経営システムは、「戦略」「プロセス」「組織」「IT」の4つの要素から構成され

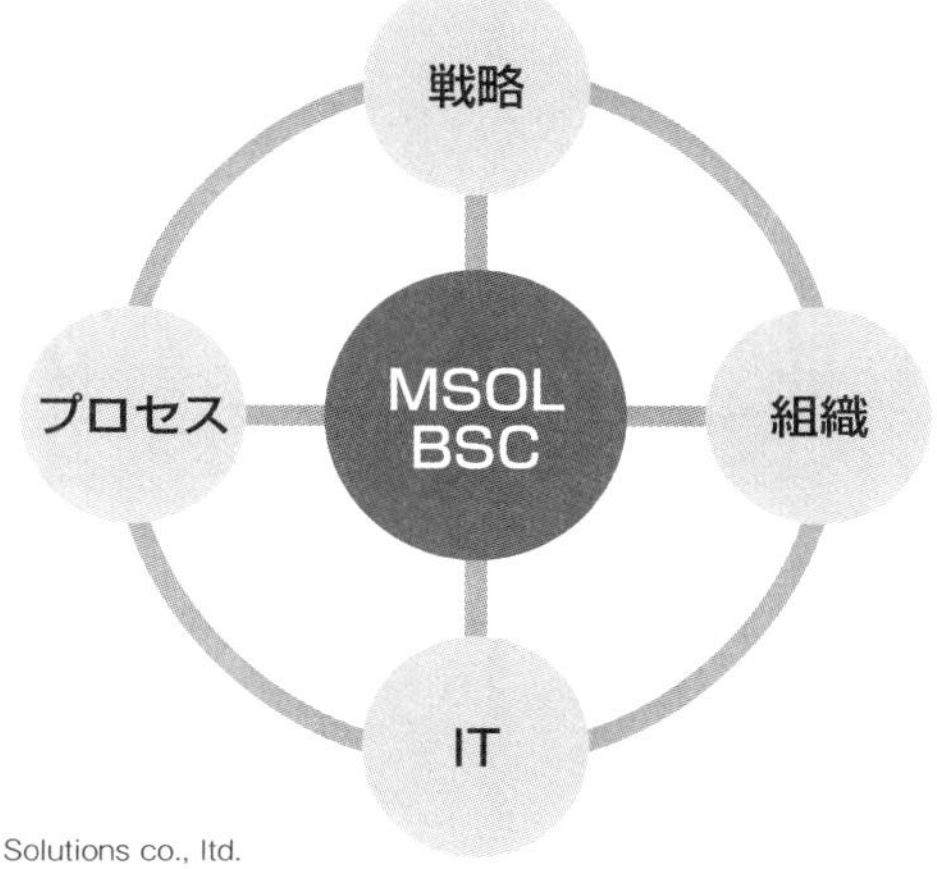


©Management Solutions co., ltd.

▶図表P－1　MSOL経営システム

ています。これらは独立して動いているわけではなく、それぞれ密接に関連しています（図表P－1）。ここで重要なことは、この4つの機能が連動していることであり、それによって組織が加速度的に成長できるということです。詳しくは各章で述べるとして、ここでは簡単な概要を説明します。

まず「戦略」です。戦略とは、ミッションとビジョンをベースに潜在的なマーケットに対してどのように事業を拡大していくかという戦い方のことです。詳しくは第1章をお読みいただくこととして、MSOLを創業したとき、私はM・E・ポーターの『競争の戦略』をはじめ、ブルー・オーシャン戦略、ランチェスター戦略、見えない大陸（Invisible Continent）を参考にして戦略を立てました。同時に、「やらないこと」も決めました。かつて、日本の経営者の多くが多角化といって事業を広げてきましたが、やらないことを決めることも戦略として考えるべきだからです。

「プロセス」は、経営・組織という観点で見たときに、日々の仕事にどういうつながりがあり、どういう効果をもたらしているかを示す仕組みのことです。これは、各プロセスの状況をモニタリングし、その有効性や効率性を検証し、評価することで正しく機能します。私は、プロセス導入の目的のひとつは、無駄を省くことにあると考えています。なぜなら、人はだんだん無意識・無目的に仕事をこなすようになり、かなりの割合で無駄な仕事をしているからです。

ただし、戦略的に重要なことはしっかりと時間をかけてやることです。そのひとつに評価があります。評価プロセスを構築するのは時間がかかり大変ですが、これを怠ると、高く評価されなくても居座る社員が増え、全体の士気に関わります。昨今の「働かないおじさん」問題も、適切に評価してこなかった結果であるといえます。高度経済成長時代における終身雇用や年功序列といったことも背景にありますが、それに関する考察は、付章で述べたいと思います。

「組織」に関しては、「組織は戦略に従う」と「戦略は組織に従う」という、まったく逆の経営理論が存在します。どちらを使うかは組織の状況に応じて選択すればいいことですが、スタートアップにとっては「組織は戦略に従う」という考え方が重要になってくると思っています。ただし、組織が拡大すれば、そこから見えてくる戦略もあります。つまり、組織と戦略は相互に関わり合いながら拡大していくということです。

では、具体的にどう組織をつくっていくか。最も重要なのは、意識的に組織のカルチャーを醸成することです。基本的には、バーナードの「組織の3要素（共通目的、協働意欲、コミュニケーション）」をベースに組織をつくり上げていく、またはマネジメントします。MSOLでは、ドラッカー、サイモン、バーナード、沼上幹氏の理論を土台に組織をつくっていきました。

最後に「IT」です。MSOL経営システムでいう「IT」とは、経営の意思決定を効果的、効率的に行うための手段のことです。目の前の仕事を楽にするものではなく、戦略にもとづいてどういう組織をつくるか、どういう効率的プロセスをつくり上げるのかを実現するための手段であり、現場の作業効率化のためのツールや、コミュニケーションツールとは異なります。なぜなら、現場中心の過剰ともいえる品質を追求した結果、日本企業における本来のIT活用が遅れたと考えているからです。たとえば、ERPパッケージはアメリカを中心に広まりましたが、これはアメリカではレイオフや離職が多く、人財の流動性が高いからです。そこで、経営者は可能な限りＩＴを活用することで業務を行おうと考えました。人が増えても、減っても、確実にプロセスを実行できるようにＩＴで必要な機能を備えたというわけです。

私は、成長していない企業こそ、同じ人が同じ仕事を長年にわたって行っている組織だと思っています。ＭＳＯＬでは、新陳代謝を繰り返しながら成長を前提とした戦略にもとづいてＩＴを導入しています。

「戦略」「プロセス」「組織」「ＩＴ」というこの４つの要素を統合する経営理論として、私はバランス・スコアカードを用いました。図表Ｐ－１では「ＭＳＯＬ ＢＳＣ」と表現していますが、戦略にもとづいてプロセスや組織をＫＰＩを用いて可視化し、ＩＴを活用して効率的にモニタリングするためのフレームワークといえます。

この経営システムによって、ＭＳＯＬを１４００人以上の社員を擁する売上高２００億円を超えるまでに成長させることができ、さらなる成長へ向けて経営陣は皆、大きな自信を持っています。裏返せば、ＭＳＯＬ経営システムのエッセンスを活用することで、どのような企業でも成長させることができると考えています。本書では、そのＭＳＯＬ経営システムの全貌を解説します。

# MSOL経営システム

目次

## 第2章 ＭＳＯＬの「組織」……85

# 第3章 ＭＳＯＬの「プロセス」

## 第4章 MSOLの「IT」

第5章

# ＫＰＩとバランス・スコアカード……209

# 第1章

# MSOLの「戦略」

## 戦略の前にミッション、ビジョンがある

戦略の話をする前に、まずミッション、ビジョン、バリュー（MVV）の話をします。MVVとは、組織が存在意義や社会的なポジションを示すために用いられる手法のことで、組織における共通認識の醸成と方向性を示す役割を果たします。簡単にいえば、「自社はどうあるべきか」ということです。

この問いに絶対的な解はありません。しかし、人が集まり、ひとつの組織としてまとまって行動を起こす理由は明快です。ひとりでは不可能なことでも、個人の集合体である組織ならば可能だからです。それが志や理想を共有できるチームであれば、より大きな目標を追求していくことができます。

では、会社というひとつの組織で追い求める目標とは何でしょうか。確実にいえるのは、そこに参加したメンバーたちが生きていくための糧、つまり利益を生み出すことです。ただし、「利益だけが糧なのではない」「生きていくためだけに働いているわけではない」という

個人や組織のほうが圧倒的に多いというのも事実です。ではいったい、何に重きを置き、企業活動の軸にしていくのか。そこに現れる「違い」こそが、企業ブランドの原点だと、私は思っています。

もちろん、個人の間にも「違い」はあります。「少しでも多くの富を得て、ぜいたくな人生を歩みたい」という人もいれば、「社会の発展に貢献して、より多くの隣人と幸せを共有したい」という人もいます。同じように、組織にも「違い」があります。それこそが組織におけるブランドであり、MVVにより明確にすべき内容です。

ここでひとつ注意しなければならないことがあります。それは、MVVはいうなれば「一神教の世界」から生まれた考え方であるということです。一神教の世界には唯一の神がいて、聖典が生きるための指針になっています。MVVもそういう一神教の社会で生まれた組織を構築するうえでの考え方だと、私は思っています。そのせいか、MVVの考え方は日本人にはあまりピンとこないかもしれません。

日本は小学校、中学校を経て高校、大学に進み、社会人になるというように、無意識的に組織に属するのが当たり前の社会です。しかし、世界にはそうではない社会もあります。特にアメリカは、自分がどういう組織をつくっていくかを重視します。なぜならアメリカでは、幼少期から当然のようにリーダーシップを発揮することが求められるからです。そして、そのような環境で成長すれば、どういう組織をつくっていくか、そのためにどのようにリーダーシップを発揮するかということを自然に考えるようになります。

一方で、日本人は組織に属することは当然としても、そこでリーダーシップを発揮しようとはほとんど考えません。それは、日本の社会がリーダーシップを重視していないからです。それゆえに、社会人になるまで、あるいは社会人になってからも、組織の使命やMVVを真剣に考える機会がなかったのだと、私は思っています。

MVVの概要が理解できたところで、MSOLのMVVを見ていきましょう。ミッションとビジョンをはじめて定義したのは創業5年後の2010年で、当時は次のような文言でした。

**ミッション**：Managementを通じ、社会のHappinessに貢献する

**ビジョン**：プロジェクトマネジメント領域における社会のインフラになる

その後、数回の中期経営計画の見直しを経て、現在は次のようになっています。

**ミッション**：Managementの力で、社会のHappinessに貢献する

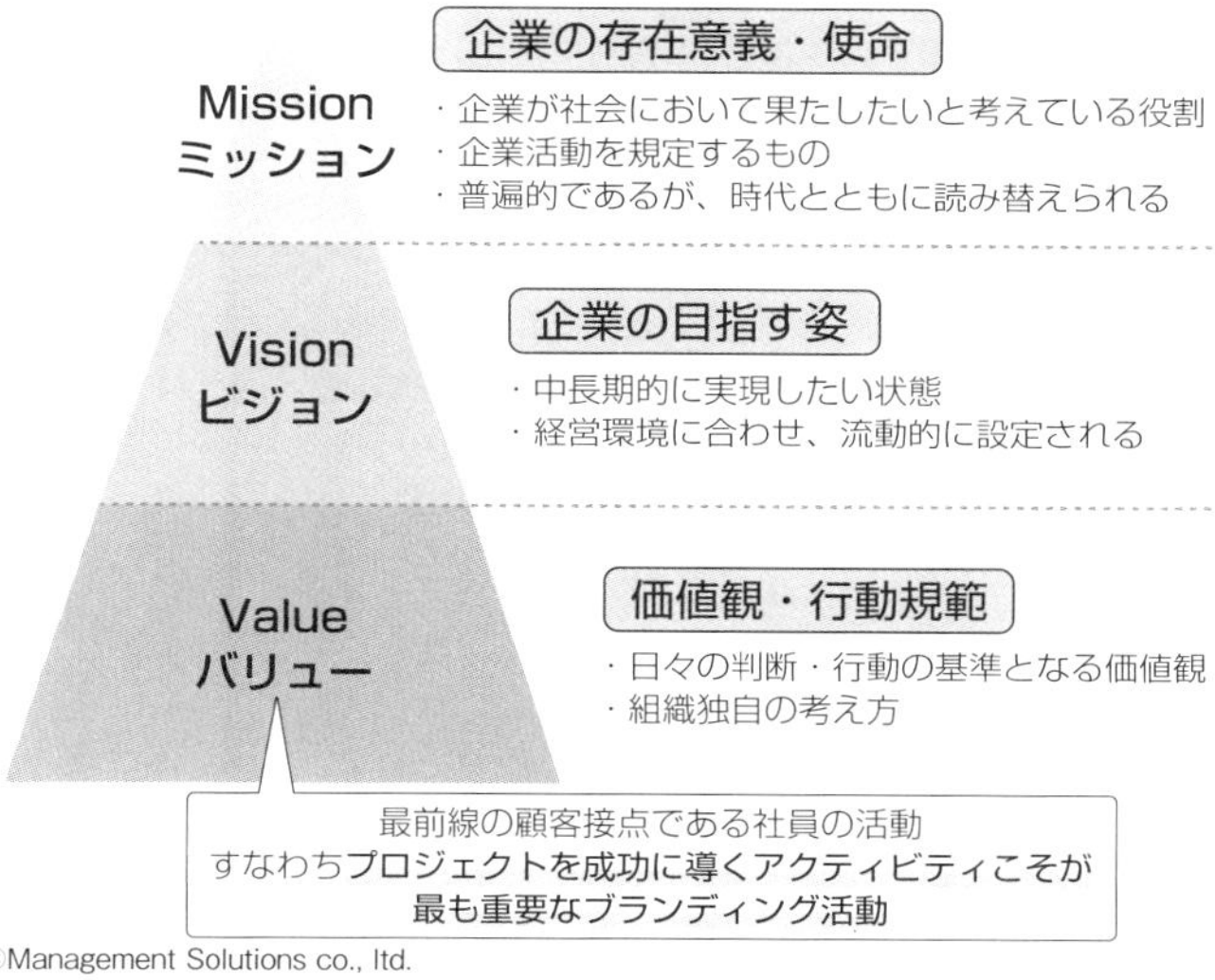
企業の存在意義・使命
Mission
ミッション
・企業が社会において果たしたいと考えている役割
・企業活動を規定するもの
・普遍的であるが、時代とともに読み替えられる
企業の目指す姿
Vision
ビジョン
・中長期的に実現したい状態
・経営環境に合わせ、流動的に設定される
価値観・行動規範
Value
バリュー
・日々の判断・行動の基準となる価値観
・組織独自の考え方
最前線の顧客接点である社員の活動
すなわちプロジェクトを成功に導くアクティビティこそが
最も重要なブランディング活動
©Management Solutions co., ltd.

▶図表1－1　MVV（Mission, Vision and Value）

**ビジョン：Managementにおける社会のPlatformとなり、組織の変革および自律的な個人の成長を促す**

若干の表現の違いはありますが、基本的なことは変わりません。このミッション・ビジョンに共感・賛同した個人の集合体がＭＳＯＬというチームです。現在、１４００人を超える組織へと成長しましたが、日本全体の就労人口を考えるとごくわずかな人数の組織です。その中において、今後数千人、数万人に向けて社員を増やしていくとき、何を目指してやっていくのか。それを端的に言葉で伝えていくための手段がミッションであり、ビジョンなのです。

## 創業当時から変わらないMSOLのミッションとビジョン

先ほど、ミッションをはじめて定義したのは2010年だと述べましたが、このミッションの原型は、2005年の創業時に作成した設立趣意書にあります。実際には創業前にビジネスプランを考えているときからおぼろげなイメージはありましたが、それを具体的に言葉としてはじめて定義したのが設立趣意書でした。そこでは、「本格的な知識社会の到来とマネジメントの課題」と題して、今後の日本社会において何が社会的な課題になるか、それに向けてどうするかを述べています。

ここで、簡単にMSOL設立当時の背景を説明します。すでに20年近く経っていることもあり、当時の日本がどういう状況だったのか、まったく知らない人もいることでしょう。あの頃はインターネットが急激に普及し、爆発的に情報が増えた時代でした。意味のある情報、意味のない情報が溢れかえり、必要な情報へのアクセスが難しくなっていたのです。そうした環境にいて思ったのは、組織のマネジメント層は膨大な情報の中から大事なものを見つける知力（私は、それを「インテリジェンス」と呼んでいます）を身に着ける必要があるということでした。それを文章化したのが、先ほどの「本格的な知識社会の到来とマネジメント

会社設立趣意書

1.本格的な知識社会の到来とマネジメントの課題

・情報のコモディティ化とIntelligence
意味のないデータの集まりを整理し、意味づけを行った結果を情報と捉えた場合、インターネットによる爆発的な情報の氾濫、コモディティ化はこの10年で顕著に見受けられる。（中略）しかしながら、企業経営において情報を“知力（Intelligence）”として生かしているケースは決して多いとはいえない。（中略）今後、知識社会におけるマネジメントの変革が求められる。

・“知力（Intelligence）”を生み出すものは機会でもコンピュータでもなく人間
知力を組織的に生み出すには、階層ではなくネットワークを生かすマネジメントが必要となる。このマネジメント形態は、工業化社会における中心的存在であった階層型の経営モデルではない。つまり、組織の生産性を高め、アウトプットを最大化し、システムや機械などの設備投資による効率化によってコストを最小化するという従来型のマネジメントは通用しなくなる。

2.日本企業におけるマネジメント支援の需要

・需要を喚起する諸条件
①2007年〜2010年における団塊の世代の引退
②ITスキルの根本的な不足が招く知識労働の生産性の低さ
③30代、40代の経験不足（段取りや調整力の低さ）
④2010年以降、現在起こっている若手人財（20代）の不足が深刻化し、企業は一層の生産性向上を求められる
⑤7割のITプロジェクトの失敗
⑥欧米型マネジメント手法の安易な導入による失敗

ミッション：Managementを通じ、社会のHappinessに貢献する



▶図表1-2　ミッション：会社設立趣意書（2005年5月策定）

の課題」です。

ただ、「インテリジェンスを生み出すのは人間である」とも考えていました。当時はいまのようなＡＩなどありませんでしたが、ＡＩにできることは結局のところ情報処理に過ぎず、人間のようにインテリジェンスを生み出すことはできません。では、組織的にインテリジェンスを創出していくにはどうしたらいいのか。そのために、マネジメントはどうあるべきか。

考えていくうちに行きついたのが「ナレッジ・ワーカー」でした。これは、米カーネギーメロン大学教授のロバート・Ｅ・ケリーのいう「情報を知識に換え、知識を利益に換える」役割

**プロジェクトマネジメント支援の需要**

・日本企業では根付かない通り一遍のプロジェクトマネジメント
日本人の気質的にトップダウンによる命令を嫌う傾向にあり、トップダウン色の強い欧米型のプロジェクトマネジメントをそのまま導入しようとしても無理がある。合理性よりもプライドを重んじるSEは契約よりも言葉を重んじるため、組織合理性を取り込める工夫が必要である。そのためには綿密なFace to faceでのコミュニケーションが必要であるが、人数不足から十分に行われていない。

・計画段階における支援の需要
打ち上げ花火のような企画・プランニング、コンサルタントやベンダーのいいなりからの脱却によりプロジェクトマネジメント専門の支援需要が生まれる

・管理業務の需要増
PMP（公共ITプロジェクトの入札条件にもなっている）、P2Mなどのプロジェクトマネジメントの資格ビジネスが盛んであるが、経験の少ない知識偏重型のプロジェクトマネジャーが増えると予想される。その結果、ひとりのプロジェクトマネジャーでは決定することができず、組織的なプロジェクトマネジメントの需要が伸び、そのための管理業務（アドミニストレーション）が増えることが予想される。派遣ビジネスも盛んであり、プロジェクト管理業務を担うケースも増えているものの、スキルが足りないため、一般事務的な仕事に留まっている。一方、プロジェクトマネジメント力を組織的に高めたい場合、コンサルタントを利用するケースも増えているが、単純作業の多いプロジェクトマネジメント業務に対しては割高に感じられる。そこに隙間需要が存在している。

▼

**ビジョン：プロジェクトマネジメント領域における社会のインフラになる**



**▶図表1-3　ビジョン：なりたい姿（2010年策定）**

を担う人財のことです。彼らを生かすには、工業化社会で必要とされていたような生産性を高めるマネジメントとは別のマネジメント手法が求められます。知識社会が到来することによってマネジメントのあり方が変わっていくだろうと考えた私は、日本企業におけるマネジメント支援の需要が増えるはずと予測しました。そして、ＭＳＯＬのプロジェクトマネジメントの手法は、それを具現化していくためのひとつの手段になり得ると考えたのです。

創業以来、この状況はいまだ変わりません。変えたくないのか、変えられないのか、日本企業のマネジメントは大して変わっていないように感じます。

**ミッション**

**Managementの力で、社会のHappinessに貢献する**

**ビジョン**

**Managementにおける社会のPlatformとなり、**
**組織の変革および自律的な個人の成長を促す**

マネジメントソリューションズが目指す姿は、具体的な形としてのソリューションを、企業組織のみならず、個人レベルにおいても提供し、日本に限らず、グローバルレベルでのPlatform企業になることです。たとえば、プロジェクトマネジメント。企業レベルでのマネジメント成熟度向上のみならず、現場一人ひとりのスキルアップにもつながるソリューションを提供しています。また、個人レベルにおいても、キャリアマネジメントソリューションや、各種トレーニングの提供、またAIの技術を生かした新たなナレッジマネジメント&タレントマネジメントのソフトウェア、PROEVERの提供を通じ、グローバルな展開を行っています。今後も新たなソリューションを生み出し、真のManagement Platformを目指します。

©Management Solutions co., ltd.

**▶図表1-4　現在のミッションとビジョン**

ビジョンは、「当面なりたい姿」ということで、「プロジェクトマネジメント領域における社会のインフラになる」と定義しました。これもミッション同様、その原型は設立趣意書にあります。設立趣意書では、プロジェクトマネジメント支援の需要が増えるだろうと予測し、骨子のひとつに「管理業務の需要増」を入れ込みました。当時はまだ、ＰＭＯ（プロジェクトマネジメントオフィス）がこれほどまでに認知され、市場が拡大するとは思っていませんでしたが、これが現在のＰＭＯセンター（リモートパート、かつパートタイムでのＰＭ支援）にまで進化していくこととなります。

## ミッション、ビジョンを戦略につなげる

最後に、このミッション、ビジョンをどうやって実現しようとしたのかを説明します。2010年の中期経営計画において、クライアントの課題を「プロジェクトマネジャーの不足とプロジェクトマネジメントスキルの不足」「PMO活用の難しさ」「ベンダー丸投げ体質からの脱却」「経営とプロジェクト現場の温度差や認識の齟齬《そご》」「マトリックス組織のマネジメントの難しさ」と整理しました。「プロジェクトマネジャーの不足とプロジェクトマネジメントスキルの不足」という状況が続く中、いまもPMO市場におけるプレイヤーは需要を満たしていません。そこにギャップがあるということで、MSOLの提供価値として考えたのが図表1－5です。

また、2010年の中期経営計画では、プロジェクト管理業務のアウトソーシングも考えていました。これが、いまのPMOセンターにつながっています。2010年の中期経営計画では、完全アウトソーシング型と部分アウトソーシング型を考え、ビジョンの具体像を描きました。これを受け、2019年の中期経営計画ではプロジェクトマネジメントに必要な要素を集約したPROEVERの位置づけを明確にし、時流に沿ったアウトソーシングの形を描

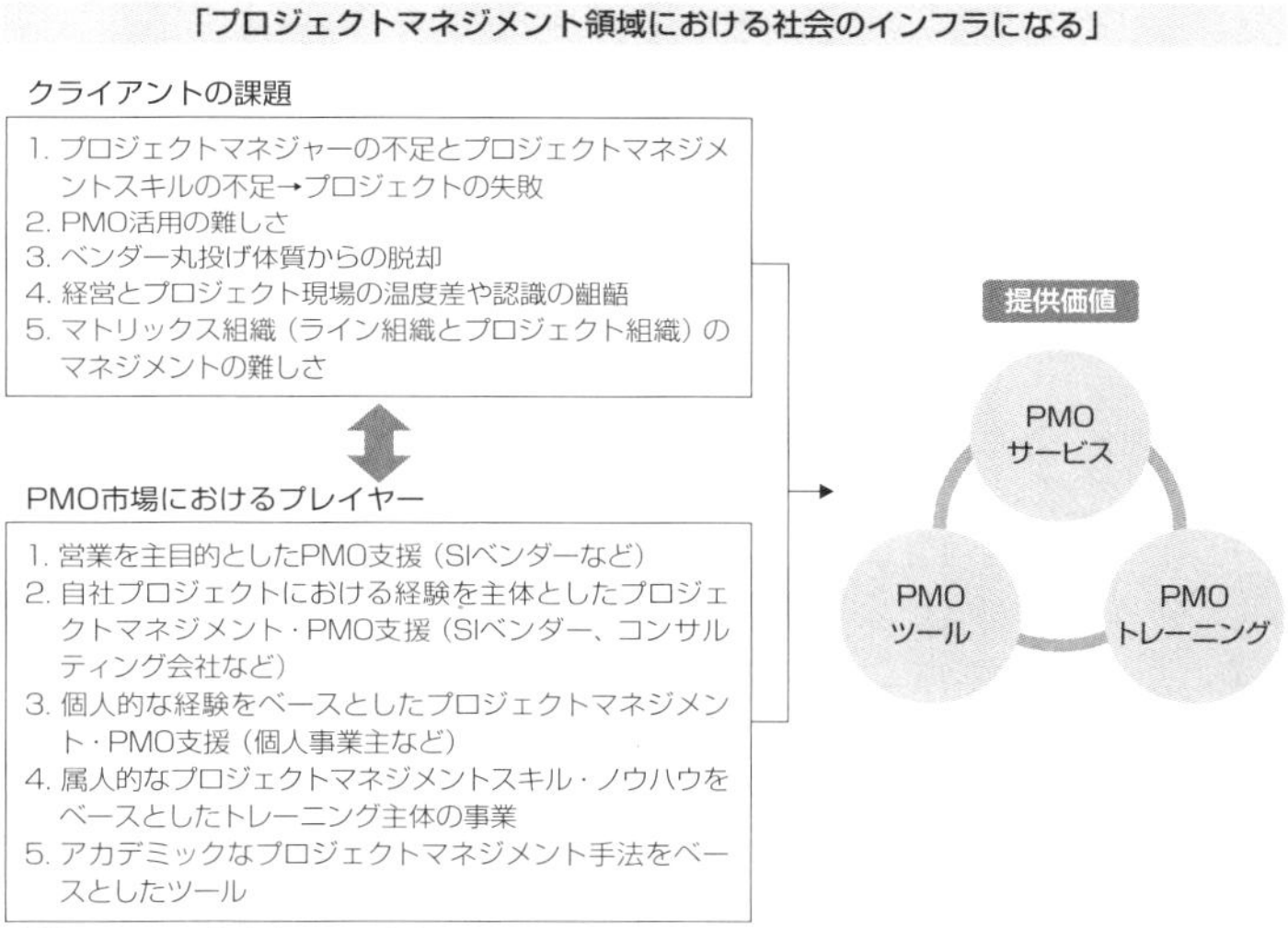
「プロジェクトマネジメント領域における社会のインフラになる」
クライアントの課題
1. プロジェクトマネジャーの不足とプロジェクトマネジメントスキルの不足→プロジェクトの失敗
2. PMO活用の難しさ
3. ベンダー丸投げ体質からの脱却
4. 経営とプロジェクト現場の温度差や認識の齟齬
5. マトリックス組織（ライン組織とプロジェクト組織）のマネジメントの難しさ
PMO市場におけるプレイヤー
1. 営業を主目的としたPMO支援（SIベンダーなど）
2. 自社プロジェクトにおける経験を主体としたプロジェクトマネジメント・PMO支援（SIベンダー、コンサルティング会社など）
3. 個人的な経験をベースとしたプロジェクトマネジメント・PMO支援（個人事業主など）
4. 属人的なプロジェクトマネジメントスキル・ノウハウをベースとしたトレーニング主体の事業
5. アカデミックなプロジェクトマネジメント手法をベースとしたツール
提供価値
PMO サービス
PMO ツール
PMO トレーニング
©Management Solutions co., ltd.

**▶図表1−5　ビジョン実現のための提供価値（2010年策定）**

きました。これは、クライアント企業が自前でＰＭＯをやりはじめ、ＭＳＯＬのフルタイムサービスをいまほど必要ではなくなったときのことを想定したものです。我々のツールを使ってリモートやパートタイムで支援する、必要に応じてフルタイムで支援するというように、我々のツールを利用してもらうことを目的としています。フルタイムのサービスはおそらく10年程度はなくならないでしょうが、徐々にPROEVERのような形が広がっていくのではないかと思っています。特に、ＡＩ機能を搭載することにより、10年から20年後はサービスからソフトウェアへ事業がシフトしていくと当時から考えていました。

ここまで説明してきたように、ＭＳＯＬではミッションやビジョンから落とし込んでいくという手法を採っています。想いや夢をイメージし、それを時間をかけて実際のビジネスとして形づくる。このやり方は抽象的な概念で考える必要があるので、得意な人は少ないかもしれません。ですが、こうした思考こそ、特に起業する際には重要です。なぜなら、戦略というのは、最初から「ある」ものではないからです。まずミッションやビジョンがあり、それをもとにどういう方向に向かいたいのか、どういうふうにありたいのか。これがイメージできてこそ、戦う資本としての戦略が浮かび上がってくるのです。

## ＭＳＯＬが利用した経営戦略

それでは、ミッション、ビジョンを踏まえたＭＳＯＬの経営戦略とはどのようなものなのか、具体的に説明します。前提として、2点ほど補足しておきます。いまでこそＭＳＯＬはＰＭＯビジネスを専業としていますが、当初からそうだったわけではありません。創業当初はＰＭＯの案件（ＰＭＯソリューション）と、ＫＰＩやバランス・スコアカード導入のコンサルティングなどの案件（ＫＰＩソリューション）を並行して手がけており、ＰＭＯを専業にするまでには3年くらいかかりました。また、ミッションやビジョンを定義したのは、創業から5年経った２０１０年の中期経営計画です。そこで、ここでは２０１０年の中期経営計画をベースに話を進めます。

## なぜ、ＰＭＯ専業のビジネスなのか

ＰＭＯとは、Project Management Officeの略で、「企業等におけるプロジェクトマネジメント支援を行う組織」のことです。別の表現でいえば、プロジェクトの実行支援に特化したマネジメントの専門職のことです。

ＭＳＯＬが採用した戦略論を説明する前に、ＰＭＯビジネスを始めようと思った理由について説明します。読者の皆さんは、なぜ、私がＰＭＯ専業のビジネスを始めたのか、疑問に思っていることでしょう。実際、これまで幾度となく「なぜ、ＰＭＯに特化したのか」「なぜ、ＰＭＯを選んだのか（戦略系ではないのか）」と聞かれました。

ＰＭＯのビジネスを思いついたのは、ソニーグローバルソリューションズでグローバルシステム開発プロジェクトのＰＭＯリーダーをやったときのことでした。このプロジェクトは

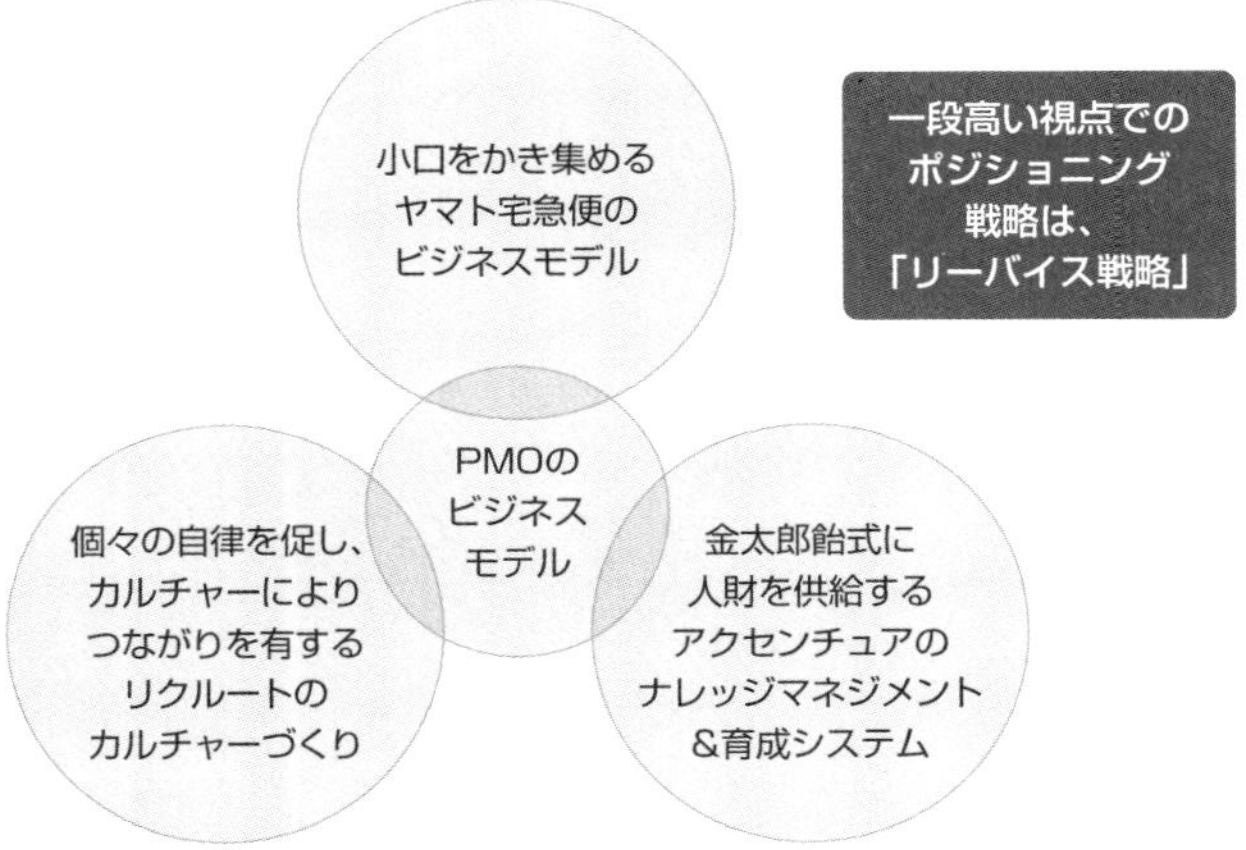
小口をかき集める
ヤマト宅急便の
ビジネスモデル
一段高い視点での
ポジショニング
戦略は、
「リーバイス戦略」
PMOの
ビジネス
モデル
個々の自律を促し、
カルチャーにより
つながりを有する
リクルートの
カルチャーづくり
金太郎飴式に
人財を供給する
アクセンチュアの
ナレッジマネジメント
&育成システム

▶図表1-6　PMOビジネス立ち上げのための基本的な発想

非常に複雑で、十数社のベンダー、100人規模のプロジェクトメンバー、5、6人のPMOを含む大体制でした。このとき、発注側の立場でPMOをやっていて、ふと「PMOだけに特化した会社があれば非常に助かるな」と思いついたのです。

これをきっかけに、ある程度の見込みがあると思って独立しました。PMOを専業にできるかどうかは別として、独立することは自分の中で決めていたため、創業の準備と並行して、PMOがビジネスとして成り立つのかどうかを検討するための情報収集も行いました。戦略を立て、ビジネスプランをつくるためには、コンサルタント業界、PM市場、クライアントのニーズといった環境分析が欠かせないからです。

当時はコンサルタントの仕事をしながら、とにかくPMOに関する情報を調べまくり、ビジネスプランや設立趣意書などを作成しました。どういう市場で、どういうサービス形態であるべきか、ポジショニング戦略やコスト戦略、ブルー・オーシャン戦略などを用いて分析し、ビジネスプランには「プロジェクトマネジメントに特化した実行支援型マネジメントコンサルティング」というようなことを書きました。それが2004年のことです。このとき参考にしたビジネスモデルが、クロネコヤマトの宅急便とアクセンチュア、リクルートの3つです。

戦略を考えるうえで、ビジネスをどういうふうにつくっていくのかという基本的な発想はすごく重要です。なぜなら、経営書を読んで戦略を立案しても、それは机上の空論でしかないからです。重要なのは、「おぼろげながらもビジョンを考えて描く」のと同じように、自分がやりたいビジネスがどのようなものかを既存の企業やビジネスを参考にイメージし、描くことです。

## 補足：PMOについて

PMOは「Project Management Office」の略で、組織内でのプロジェクトマネジメントをサポートし、プロジェクトの成功率を高めるためのさまざまな業務を担当する機能や部門のことを指します。アメリカでは、1990年半ばから普及しはじめ、日本国内では2000年頃から普及して、いまでは多くの企業内組織として立ち上がっています。また、私が立ち上げたMSOLのように、PMO支援を専門として扱っている企業も近年増加傾向にあります。

一般的にPMOの主な機能としては、下記のようなものが挙げられます。

**1. プロジェクト管理標準の策定**

プロジェクト管理手法やプロセスの標準化を行い、組織内のプロジェクトが一貫して効果的に管理されるようにします。

**2. リソースマネジメント**

プロジェクトに必要なリソース（人材、資金、機材など）の配分を最適化し、プロジェクトの効率的な進行を支援します。

3. **プロジェクトのモニタリングおよびレポーティング**

プロジェクトの進捗状況、課題状況、リスク状況をモニタリングし、重要なステークホルダーに報告します。これにより、問題が発生した際に迅速に対応できるようにします。

4. **トレーニングとサポート**

プロジェクトマネジャーやチームメンバーに対するトレーニングを提供し、スキル向上をサポートします。

5. **プロジェクトポートフォリオマネジメント**

企業全体のプロジェクトを集中的に管理し、戦略的目標の達成に向けて優先順位を付けます。このようなＰＭＯ組織を、ＥＰＭＯ（Enterprise Project Management Office）と呼びます。

ＰＭＯの役割は企業組織の規模や業種によって異なることがありますが、共通の目的はプロジェクトマネジメントの効率性と効果性を向上させ、プロジェクトを成功に導く支援を行うことです。そのため、プロジェクトマネジメント全般に係る多岐にわたる役割を担うこととなります。

私の創業したMSOLでは、PMOの役割を定義し、それぞれの役割に見合った単価で顧客企業に対するPMO業務を支援しています。

具体的なPMO業務の内容に関しては、ホームページをご参照ください。

https://service.msols.com/

また、より深く理解されたい場合は、拙著『PMO導入フレームワーク』(生産性出版)をご一読ください。

以上、一般的な理解としてのPMOをご紹介しましたが、プロジェクトワークの経験のない方や学生の方々など、わかりにくい面もあるかと思いますので、日常的な用語で説明したいと思います。

PMOは、学校の中にある「プロジェクトの司令塔」みたいなものと考えてください。この司令塔では、たくさんのプロジェクトが計画どおりに進むように見守り、サポートしています。

1. ルールづくりの先生
まず、皆さんがプロジェクトを進めるときに使うルールやガイドラインを決めます。これで、どのプロジェクトでもやり方がバラバラにならないようにしています。

2. 道具や人の手配係
次に、プロジェクトを実行するために必要なリソース、つまり人や道具、予算をうまく調整して、みんなが困らないようにします。

3. 進み具合の確認係
どのプロジェクトがどれくらい進んでいるのかを見守って、問題があればすぐに対応したり、他の人に知らせたりします。

4. 勉強と練習のサポート
プロジェクトに関わる人がもっと上手にプロジェクトを進められるように、トレーニングをしたり、疑問に答えたりします。

5．プロジェクト全体のまとめ役

学校全体でどんなプロジェクトがあるのか、どれがいちばん大事なのかを整理して、効率よく計画が進むように手助けしています。

つまり、ＰＭＯはプロジェクトを「うまくやるためのバックアップチーム」で、皆さんの作業がスムーズに進むよう手助けするという役割です。

## クロネコヤマトの宅急便

クロネコヤマトの宅急便から説明しましょう。クロネコヤマトの宅急便は、１９７６年にヤマトホールディングス中興の祖といわれる小倉昌男氏が立ち上げたビジネスです。当時、同社はデパートのお中元やお歳暮などの配送で高収益を上げていましたが、小倉氏はそれを一切やめて、小口の宅配便にシフトしました。

私は、この「小口にシフト」という点に着目しました。というのも、ＰＭＯのビジネスは一つひとつの案件のロットが小さく、大手システムインテグレーター（SIer）が参入しにくい領域であるという特徴があるからです。ひとつのプロジェクトで1人から3人、多くても5人くらいしか受注できません。一つひとつのロットが小さい中で、PMOの需要だけをどうやってかき集めるか。そこで、小口の荷物を集めるクロネコヤマトの宅急便のビジネスモデルを参考にしたのです。

いまの日本からは考えられませんが、当時は高度経済成長期の真っただ中で、お中元やお歳暮を送る人が大勢いました。ひとつのデパートから数万の荷物を受けていたのではないかと思います。1社でそれだけの配達を受注できるということは、大手システムインテグレーターが大規模開発プロジェクトを受注するのと同じです。異なるのは品質リスクがあるかどうかですが、当時の配送はよくいえばおおらか、悪くいえばおおざっぱと推察されるので、リスクはそれほど高くなかったのではないかと思います。

会社としては大きな利益を上げられるので、大量受注は歓迎すべきことです。一方で、価格競争になり、やがて利益が下がるおそれがあります。当時、社長だった小倉氏は、法人向け配送業務に価格競争力がないことにものすごい危機感を感じていたそうです。そこで、価格競争のない小口宅配便へと、攻める市場を変更したというわけです。

皆さんもそうだと思いますが、宅配便をお願いするのに、いちいち価格交渉などしません。これは自販機のビジネスと同じです。少し脱線しますが、自販機のビジネスは、その価格に納得する顧客だけを対象としています。たとえば、ある自販機では飲料Aの売価に140円を付けていたとします。その自販機で買う選択をした人は、飲料Aに140円払ってもいいと思うから購入するのです。「飲料Aは130円じゃないと買わない」という人なら、その自販機を利用しません。このように、価格決定権が売主にあり、価格競争に巻き込まれないという点で、クロネコヤマトの宅急便は自販機のビジネスと同じです。

一方で課題もあります。それは、小口宅配の需要は各家庭に聞き回らない限りわからないし、いつ注文があるのかもわからないことです。そこで当時、小倉氏たちが考えたのは代理店を使うことでした。酒屋や米屋、いまならコンビニなどにキックバックを払い、荷物の取り扱いをしてくれる宅急便取扱店を増やしていきました。さらに、物流ネットワークがある程度まとまってきたら、物流拠点をつくり、宅配便の物流網を構築しました。これには相当の時間がかかったようです。小倉氏は著書『小倉昌男 経営学』（日経BP社）の中で「最初のころは本当に大変だった」と語っています。

小倉氏の書いた本を読んだとき、PMOも同じだと思いました。最初は1社、2社とひとつのプロジェクトをしっかりと成功させる。それで確実に成功すれば口コミで広がり、そこから数珠つなぎで広がっていくだろう。また、「PMOを専業でやっています」といえば、お客様がPMOに困ったときに自然にリクエストがくるのではないか。時間はかかっても、必ずＰＭＯの依頼はくるだろうと確信していました。これはひとつの大きな発想の転換だったと思います。

## アクセンチュア

２つ目はアクセンチュアです。アクセンチュアは、私が新卒から3年目までいた会社です。アクセンチュアのすごいところは、人財を金太郎飴式に生み出していくシステムにあります。採用は非常に厳しく、自社に合う人財を厳選します。そして、選んだ人財をしっかりと教育します。効率よく教育するために、それまで蓄積してきたノウハウや経験をデータベース化し、メソドロジー化しています。新卒からしっかりと教育していく仕組みが確立されているのです。

私もそうした研修を受けました。また、新卒の社員をサポートするファカルティとしてシカゴの研修センターに行ったときに、改めてアクセンチュアの教育システムをインプットされました。インプットといっても、分厚いマニュアルを渡され、「読んでおけ」というものです。アメリカは人財の流動性が高いので、その人がいなくなっても仕事が回るように、どういう人が来てもマニュアルを読めば仕事ができるように、仕組み化されているのです。

これをＭＳＯＬでも実現したい、具現化したいということで、ＭＳＯＬでは創業時からナレッジの蓄積と明文化、それらをベースとした教育プログラムの作成および教育の場での提供を行っています。これを本格化させたのは２００７年頃のことです。ＰＭＯ事業を始動させるため、ＰＭＯができる人財がたくさん必要だったからです。

## リクルート

教育プログラムはアクセンチュアを参考にするとしても、カルチャーはそうはいきません。アクセンチュアやアーンスト・アンド・ヤングコンサルティングといったアメリカのコンサルティング会社のカルチャーは個人主義的な色合いが強すぎて、日本人にはなじまないからです。日本のアクセンチュアやアーンスト・アンド・ヤングコンサルティングも同じで、非常に個人主義的な人たちの集団のように見え、私が在籍していた頃はまとまりがなく、バラバラだった印象があります。

しかし、ＭＳＯＬが求めるのはプロフェッショナルとしての自律と、組織としてお互いを助け合って成果を上げることのできる人財です。ちなみにＭＳＯＬでは新卒の採用は２０１１年からで、15、16年前は新卒の育成をどうするかまでは想像できていませんでした。それでも、新卒を育てるには、やはりカルチャーをつくっておかないと組織はうまくいかないだろうと考えていました。

では、どういう会社がお手本になりそうかと思ったときに、思い浮かべたのがリクルートでした。リクルートは成果に対して厳しいことで有名な会社です。ある年齢を過ぎると独立するか、そのまま続けるかを決断しなければならないという話もあります。それがたとえば40歳だとして、その年齢を過ぎて会社にいる人はよほど出世するタイプか、逆にぜんぜん出世しないタイプか、どちらかに分類されてしまうのだそうです。そういう個人の評価なり、個人の自律が非常に求められる組織であるにもかかわらず、組織の団結力やチームワーク、マネジメントはとてもうまくいっています。個人の自律を保ちつつも、しっかりと組織としての成果を上げることができる会社なのです。

リクルートのようなカルチャーをつくろうと思い、同社からどうやって学ぼうと考えていたそのタイミングで、同社からＰＭＯの話がきたのは面白い偶然でした。それが２０１０年末のことです。このときは、私が最初にコンサルで入り、いろいろと勉強させてもらいました。そうやって、リクルートを部分部分でマネしてつくり上げたのがＭＳＯＬのカルチャーなのです。

## リーバイス戦略

独立しようと考え、ＰＭＯのビジネスをどうつくろうか。その漠然とした状況で、先生とした3社を知れたことは、暗闇に光明が差したようなものでした。

さてここで、MSOLの立ち位置とはどういうものか、イメージしてみてください。MSOLは業界的にいうとコンサルティング会社です。そして、コンサルティング会社やシステムインテグレーター（SI）会社は、通常、情報の非対称性を利用したビジネスをしています。たとえば、いま世の中はAI、DX、メタバースといった新しい用語や流行に溢れていますが、企業はそういう新しいことに乗り遅れまいと関連したプロジェクトを立ち上げ、コンサルティング会社やSI会社に依頼することが多々あります。これは、それらについて依頼されたコンサルティング会社やSI会社が詳しく（多くの情報を持っている）、依頼する企業が詳しくない（情報を持っていない）からです。そのため、新しい用語や流行が出てくるたびに、仕事が生まれることになります。重要なのは、コンサルティング会社やSI会社が、依頼する企業が知らないことを知っているということです。MSOLはそれらとはまったく異なる発想でPMOという汎用的なソリューションを提供するというユニークな立ち位置を確立しました。

この状況は、ゴールドラッシュのときのリーバイスとまったく同じです。19世紀のアメリカ・カリフォルニアでゴールドラッシュが起きたとき、リーバイスは金を掘らずに、採掘人が必要とするものを供給しました。そして誕生したのがブルージーンズです。この話は、野口悠紀雄氏の『アメリカ型成功者の物語――ゴールドラッシュとシリコンバレー』（新潮社、２００９年）に詳しく書かれていて、私も出版されたときに読みました。そして思ったものです。「ＭＳＯＬはリーバイスだ」。新しい用語や流行はゴールドラッシュのときの「金」。新しい用語や流行を求めている人たちは「金の採掘人」。そして新しい用語や流行＝金が出ると、そっちに行って金を掘る＝新しい用語や流行に関連したプロジェクトを立ち上げる、と。そこでＭＳＯＬはジーンズ＝ＰＭＯを提供するのです。私はこれを「リーバイス戦略」と呼んでいます。

ビジネスを起こそうとするならば、こういった発想が求められます。そして、こうした発想ができるようになるには、抽象度の高いものの考え方をする必要があります。

## MSOLの戦略

プロローグで簡単に説明したように、経営戦略とは企業が外部環境と内部事情をすり合わせて立案する、最も有利に競合に対抗するための事業展開の方針と施策のことです。なぜ、このような経営戦略が必要とされるのかといえば、経営環境が常に変化するからです。特に、近年はグローバル化の進展、技術革新の加速、顧客ニーズの多様化などで競争が激化し、不確実性が増しています。そうした環境で生き抜くには、外部環境と内部事情や資源を把握し、競争優位性のある成長シナリオを描く必要があります。

その戦う手段として、戦略論があります。代表的なのはポーターのポジショニング戦略、ミンツバーグの創発的戦略あたりでしょう。ポーターがどちらかといえば外部環境や自社のポジショニング・立ち位置を重視しているのに対し、ミンツバーグは社内の人財や技術、ナレッジを活用する戦い方と内部環境を重視しています。これは、どちらが正しいというものではなく、使い分けの問題です。

では、ＭＳＯＬの戦略はどうなのか。ビジネスの着眼点、ビジョン（なりたい姿）、具体的にどういった戦略で攻めていけばいいのか。そういったことを考える際に利用した、いい換えればＰＭＯビジネスに関して利用したのは次の４つです。中でもブルー・オーシャン戦略は特に重要ですから、読者の皆さんにはぜひ『ブルー・オーシャン戦略――競争のない世界を創造する』（Ｗ・チャン・キム、レネ・モボルニュ著、ランダムハウス講談社）を読んでいただきたいと思います。なお、同書は日本では２００５年に出版され、私はそれを読みました。その後、２０１５年に新版がダイヤモンド社から出ています。

1. ポーターの競争の戦略
2. ブルー・オーシャン戦略

3．ランチェスター戦略
4．見えない大陸（Invisible Continent）

## ポーターの競争の戦略

Ｍ・Ｅ・ポーターの『競争の戦略』（ダイヤモンド社、１９９５年）は、40年ほど前、いまのようなグローバルでの競争環境が広がりつつあった時代に書かれました。まだインターネット環境を前提としていない時代に書かれたものの、いまでもこれだけ読み継がれているのは、彼が提唱した戦略が本質を突いているからでしょう。ポーターは、競合他社に打ち勝ち、優位性を築くための基本的戦略のフレームワークには、「差別化戦略」「コストリーダーシップ戦略」「集中戦略」の３つあるとし、これを「競争の戦略」であると述べています。

- **差別化戦略**：市場が認知する他社の製品・サービスの価値に対して、自社の製品・サービスの認知上の価値を増加させることで競争優位を獲得する戦略
- **コストリーダーシップ戦略**：事業の経済的コストを、他の競合企業を下回る水準に引き下げることで競争優位を獲得する戦略
- **集中戦略**：企業の資源を特定のターゲット、製品、流通、地域などに集中させることで競

争優位を獲得する戦略。特定の領域に集中することで、少ない経営資源でもリターンの高い戦略が実行可能となる

## 差別化戦略

ＭＳＯＬの差別化ポイントは３つあります。ポーターの競争の戦略を踏まえてまず考えたのは、「ＭＳＯＬはコンサルタントでも、SIerでもない」ということです。前述したように、コンサルタントは情報の非対称性を利用して顧客にアドバイスをするビジネス、SIerは顧客の要望のままにシステムをつくるビジネスですが、ＭＳＯＬの目指す世界はそれらとはまったく異なります。それは、プロジェクトの現場において、「ＰＭＯという存在は中立客観的な立ち位置」にあるからです。プロジェクトの参謀役として、独立した立場でクライアントを支援する。それがＰＭＯです。

そして、「理屈よりも泥臭さ」。これは、どちらかといえば、現場の人たちからは泥臭いほうが評価されるという私自身の経験から導き出した考えですが、結果的に顧客から「他社と違う」と評価されるようになりました。こういうことを考えると、やはり経験は重要です。経営理論は理論であり、具体的に腹落ちするには経験を積む必要があると思います。

最後は他の２つとは少し違うのですが、「きれいなパワポよりも使えるマテリアル」です。

これは、創業当初、採用した人たちがきれいなパワポを描けなかったがための苦肉の策から出てきたポイントです。ここでいう「きれいなパワポ」とは、コンサルティングファームでつくられるような、顧客を魅了する絵面の提案書のことです。MSOLの人たちは、創業間もなかった当時、いわゆる「きれいなパワポ」をつくることができませんでした。そこで、「我々の価値はきれいなパワポをつくることではない」とし、「我々の成果はプロジェクトを成功に導くこと」であり、顧客には「納品成果物ではなく、時間で精算させてください」とお願いすることにしました。実際、顧客にはその点を高く評価していただくことになりました。また、「きれいなパワポ」にうんざりしていた方々が多かったことも功を奏しました。結果的に、これも経験を通じて「違いを見出した」ことのひとつです。

## コスト戦略

コスト戦略でまず考えたのは、単価設定です。当初から、単価は高くも安くもない、顧客が継続しやすい単価にしようと考えていました。目安が「SE以上コンサルタント未満の単価」です。いまの単価は平均170万円くらいですが、創業当初は平均130万円くらいでした。経験から、このくらいの単価ならば継続率も高いだろうということで設定しました。

2つ目の「オーバーヘッドコストを最小化」ですが、オーバーヘッドコストというのは管

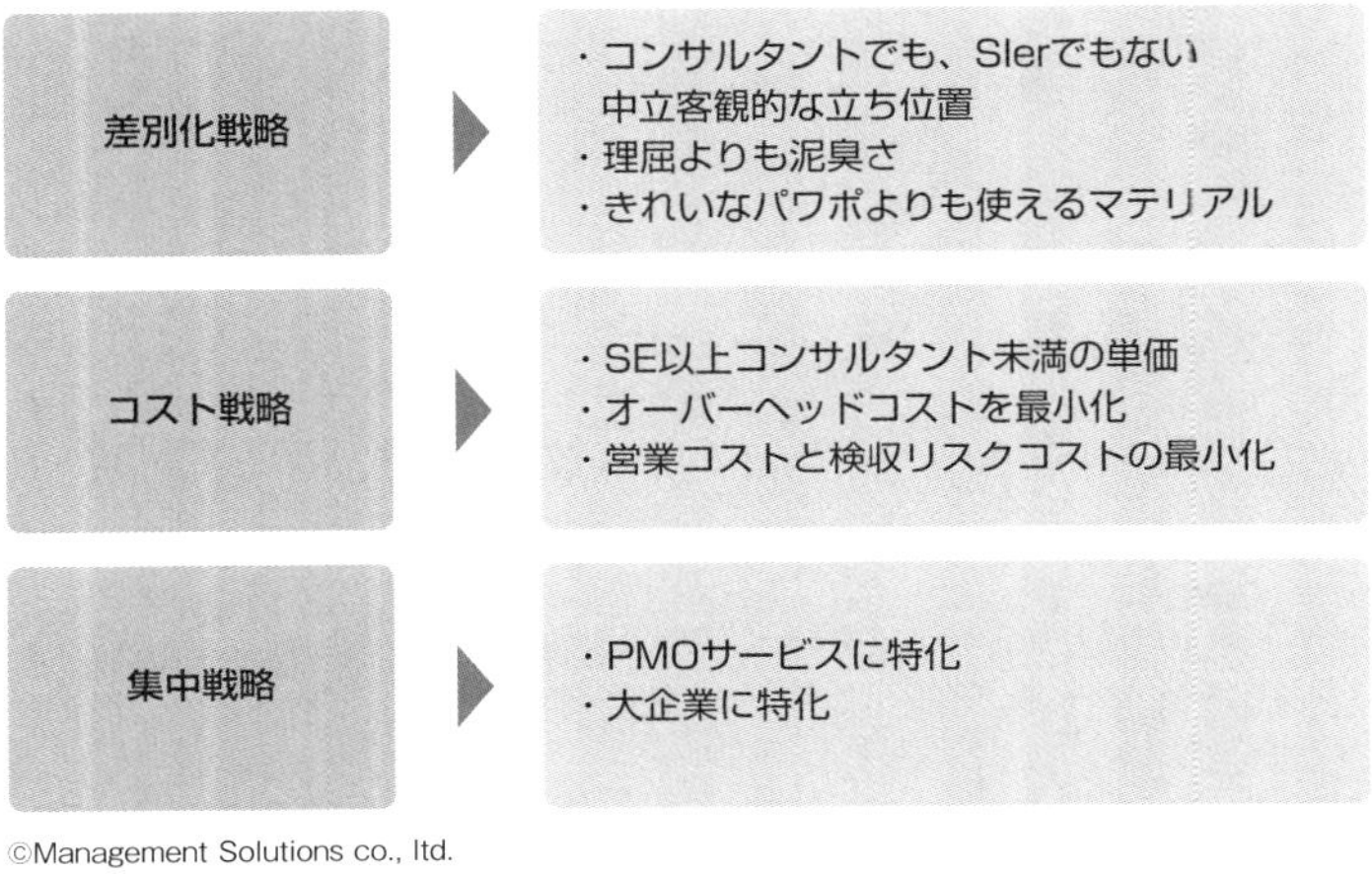


▶図表1-7　ポーターの競争の戦略とMSOLの戦略

理部門や経営層にかかるコスト、いわゆる管理コストのことです。それを最小化するために、最初の２年間は経理も人事も総務もすべて私ひとりでやっていましたが、さすがに３年目には専門の人に担当してもらうようにしました。その後、プロセスフローを策定し、業務ごとに時間管理を行ったり、ＩＴを導入することにより、管理業務を効率化していきました。

　最後は「営業コストと検収リスクコストの最小化」です。ＰＭＯビジネスでは、検収リスクコストは発生しません。先ほど説明したように、納品成果物がないからです。営業コストも、プロジェクトマネジメントの実行支援、プロジェクトマネジメントのソリューション単品売りですから、低くなります。理由は、顧客からの相談が必ずプロジェクトマネジメントに関することだからです。顧客も、PMOに課題があるから相談に来るわけですし、我々も課題を把握しやすい。ですから、1回目に会社の説明をすれば、2、3回目で提案に進めます。

これが大手の総合コンサルティングファームなら、クライアントの課題をヒアリングしてからAs-IsとTo-Beのギャップ分析をしてと、営業のリードタイムは最初に顔合わせをしてから2、3か月かかります。そうなるとその分稼働率が落ちますから、年間の売上げを上げるには単価を高くしないといけない。要するに、営業のリードタイムが短ければ短いほど、単価が抑えられ、コストがかからないということです。このビジネスモデルそのものは、独立した当初から考えていました。

## 集中戦略

MSOLにとっての集中戦略は2つあります。ひとつは「PMOサービスに特化する」こと、そしてもうひとつは「大企業に特化する」ことです。「PMOサービスに特化する」ことにこだわることで、リーマンショック時の不況期はかなり痛手を被りましたが、頑なにこだわり続けたことで社員の結束力も固まり、顧客からの厚い信頼も得ることができました。結果的に、ブランディングにつながることになりましたが、まさに「言うは易し」の戦略な

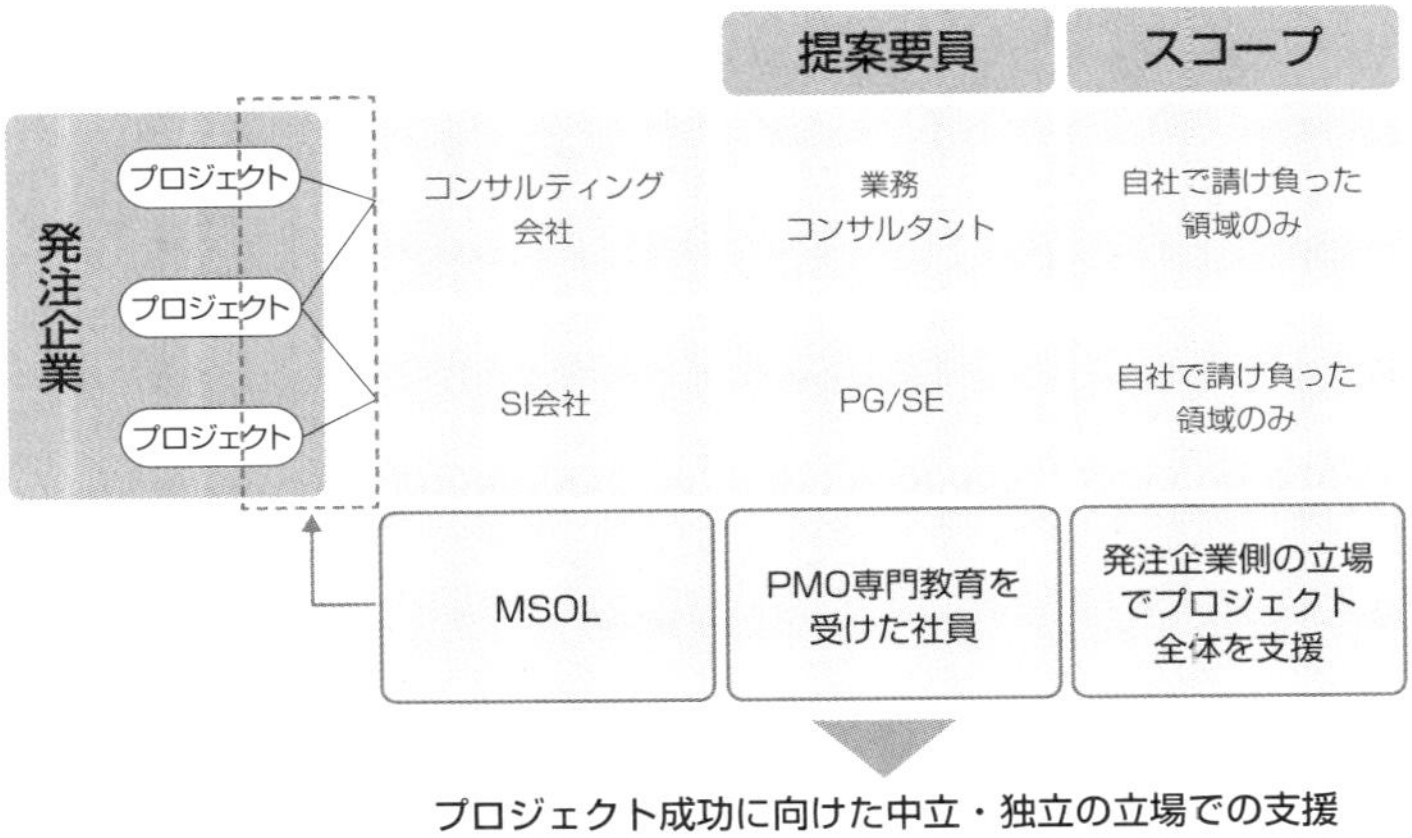

©Management Solutions co., ltd.

▶図表1-8　ポジショニング戦略

のではないかと思います。また、「大企業に特化する」ことは、結果的にリーマンショックを乗り切ることができた要因ともいえます。支払いが滞ったことは一度もなく、キャッシュマネジメント上もとても助かりました。

## MSOLの「競争の戦略」

創業からの3、4年は、「他社と何が違うのか」「我々はどこまで何をやる会社なのか」ということを、当時の役員やその世代の人たちと議論しながらやってきました。そして3年目に、「これをポジショニング戦略と呼んでもいいのではないか」と思うようになりました。図表1-8のイメージは、あるコンサルタントの方と議論しているうちに形づくられてきたものです。私の何となくぼやっとしたイメージを、彼が「SIerともコンサルとも違うんですよね」といいながら描いてくれたのです。そして、2010年の中期経営計画でこのポジショニング戦略をはじめて打ち出しました。

2010年の中期経営計画では、コスト戦略についてもいろいろと考えました。

①1粒でなんどでもおいしいソリューション開発
②組織内育成をベースとした人財開発
③稼働率低下のための補完
④現場での営業
⑤社内管理プロセス&システム

①は、プロジェクトマネジメントに特化すれば、個別プロジェクトのPMOだけではなく、事業レベルや全社レベルと横展開できるだろうと考えたからです。さらには、トレーニング事業といった新たなソリューションへの展開も検討していました。また、当時からプロジェクトマネジメントツールの開発もしており、それがいまのPROEVERにつながります。

②は、クライアントから見たMSOLのサービス品質を一定に保つための施策です。多く

の人財を金太郎飴式に育成するためには、社内ナレッジの体系化とトレーニングプログラムの開発が必要ということです。この方式の優れた点は、自社で得たノウハウをベースにすることから、外部講師を招聘する必要がほとんどなく、高騰しがちな人件費を抑えられることにあります。

③の稼働率の低下のための補完ですが、これはフルタイムのPMOサービスだけではなく、リモート&パートタイムの支援であるPMOセンター、トレーニングやPROEVERの販売などで、フルタイムの稼働率だけに頼らない仕組み、いい換えれば未稼働の人財でも売上げを上げられる仕組みのことを意味します。

いまは営業本部があり、現場と営業の両輪に分けましたが、2010年当時はコスト面を重視して現場が営業をしていましたから、④の「現場での営業」は、上場以前は重要なコスト戦略でした。これには理由があります。あまりに早期に営業の専門組織をつくると、現場のことをよくわからない人が営業をすることになり、受注する案件と実際の現場の人財のギャップが起きやすくなるためです。しかし、いまの営業本部はそういう心配はありません。現場を経験したことのある人たちが営業に回ることで、そういうギャップを最小化しているからです。

最後は、早期からのデジタル化の導入のことです。早い段階からiPhoneを使ったり、クラウド化を進めていました。そうしたシステムをうまく使って効率的にプロセスを実行していくことは、コスト戦略のひとつとして、かなり昔からやっていたものです。

## ブルー・オーシャン戦略

次は、ブルー・オーシャン戦略です。ＭＳＯＬは、このブルー・オーシャン戦略があったからこそ、独自の差別化が可能となり、競争優位性を築くことができたのだと思っています。

ブルー・オーシャン戦略とは、簡潔にいえば、競争の激しい既存市場である「レッド・オーシャン」ではなく、競争のない未開拓市場である「ブルー・オーシャン」を切り開き、事業を展開すべきとする戦略のことです。たとえば、前述したヤマトの宅急便は、まさにブルー・オーシャンを開拓した例です。高級魚がたくさん泳いでいるけれども、釣り人も、釣り船もひしめいているのがデパートのお中元・お歳暮の配送業界（レッド・オーシャン）だとすると、釣り人も釣り船もほとんどいない状況が宅配便業界（ブルー・オーシャン）です。私がＰＭＯのマーケットを発見したときも、ブルー・オーシャンでした。

それでは、このブルー・オーシャンをどのように開拓するのか。これは、その市場でどのように戦っていくかということを意味します。実際には競合がいないのがブルー・オーシャン市場ですから、戦う相手はいません。ですから、「市場でどのように戦っていくか」の意味は、マーケットに対してどう我々の存在価値やサービスを示していくかということになります。これが、とても重要です。

ブルー・オーシャン戦略は、よく「競争をしない戦略」といわれます。競合がいるから、それと比較して品質が高い、価格が安いとなる。そこで、逆転の発想で、品質や価格、機能などの差別化で顧客価値を生み出すのではなく、真の顧客価値を再発見して市場を見直すことで、未開拓市場を開拓できると、チャン・キムらは主張しました。これこそブルー・オーシャン戦略の真髄です。

具体的には、業界における一般的な機能のうちの何かを「減らし」たり、「なくす」。そのうえで特定の機能を「増やし」たり、「付け加える」。この「減らす」「なくす」「増やす」「付け加える」のことを、ブルー・オーシャン戦略では「4つのアクション」といいますが、このアクションによって、それまでにない企業と顧客の両方に対する価値を向上させる「バリューイノベーション」を実現し、未開拓市場を創出します。詳しくは『[新版]ブルー・オーシャン戦略――競争のない世界を創造する』（ダイヤモンド社、2015年）で説明していますので、参考にしてください。

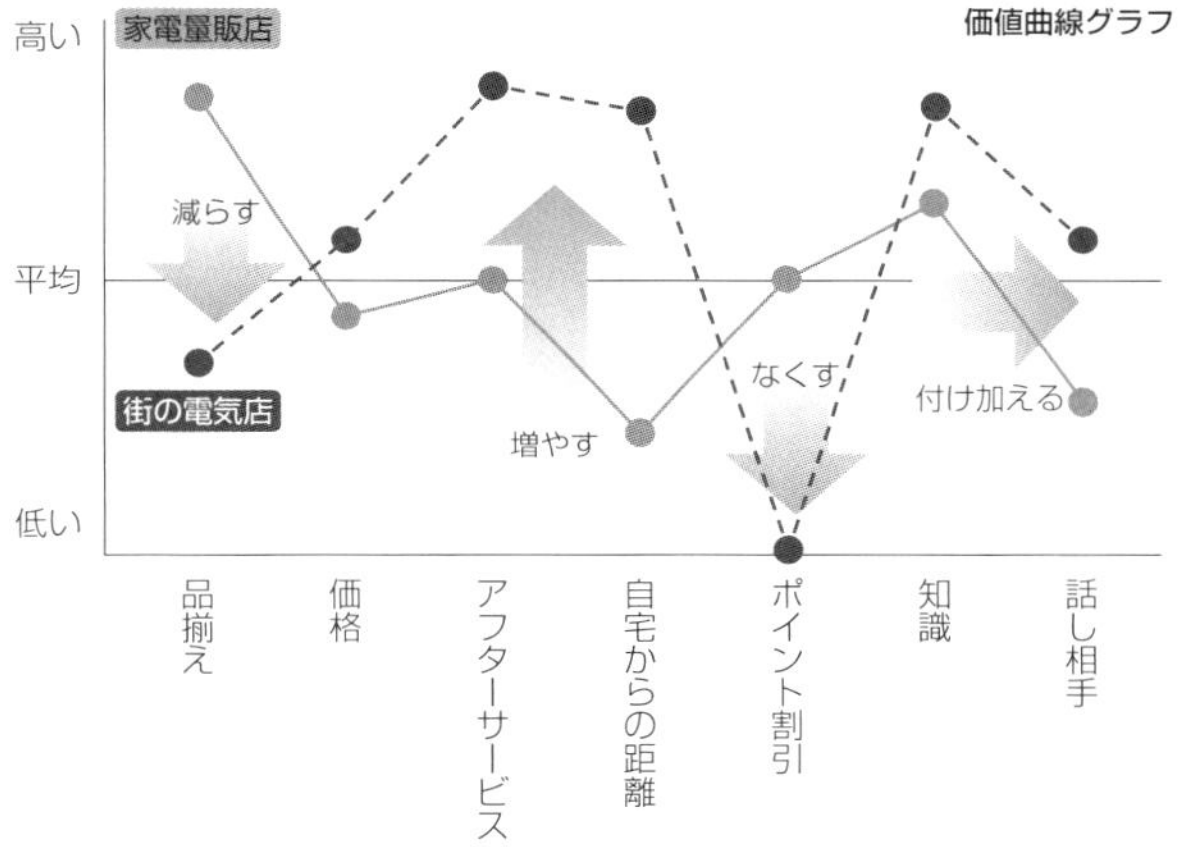


©Management Solutions co., ltd.

▶図表1−9　ブルー・オーシャン戦略の価値曲線グラフ

## 価値曲線：ブルー・オーシャンを見つける

４つのアクションを見つけるために利用するのが価値曲線グラフです。この場合の価値とは、顧客側の立場に立ったときの価値のことです。たとえば、家電量販店と商店街にあるような電気店を、「品揃え」「価格」「アフターサービス」「自宅からの距離」「ポイント割引」「知識」「話し相手」で比較した場合、価値曲線グラフは図表１−９のようになります。まとめると、家電量販店は品揃えが豊富で、全体的に価格が低くなっています。一方で、アフターサービスは特別なものはなく、自宅からの距離も少し遠いかもしれません。ポイントが付くことが多いですし、知識が豊富な店員もいますが、話し相手というほどではありません。一方、街の電気店は品揃えこそ多くなく、家電量販店に比べれば、価格も安くないことが多いかと思いますが、アフターサービスは充実しており、自宅からも近いです。ポイント割引は一般的にありませんが、知識豊富で話し相手にもなってくれます。

価値曲線グラフから、街の電気店がどのようなお客様を想定すれば、ブルー・オーシャンを見つけることができるかがわかります。想定顧客は、一人暮らしの高齢者です。顧客を探し出せたなら、次は付け加えるべき価値を探します。一人暮らしの高齢者のニーズのうち、街の電気店が提供できる価値のひとつに「話し相手」があります。地域で高齢者を見守るという近年の流れに沿ったものでもあり、新たな顧客価値といえるでしょう。このサービスを家電量販店で提供するのは難しいものがあります。このように、顧客価値を比較することで、競争優位性が見えてきます。

## 価値曲線：自社の特徴をつかみ他社との差別化ポイントを可視化する

価値曲線グラフは、ＰＭＯビジネスでも大いに活用しました。ここでの比較項目は「マーケティング」「営業活動」「課題抽出・提案活動」「提案人数」「作業スコープ」「実行支援」「納品成果物」「対象組織」としています。

まず「マーケティング」ですが、当初はまったく広告にコストをかける必要がありません

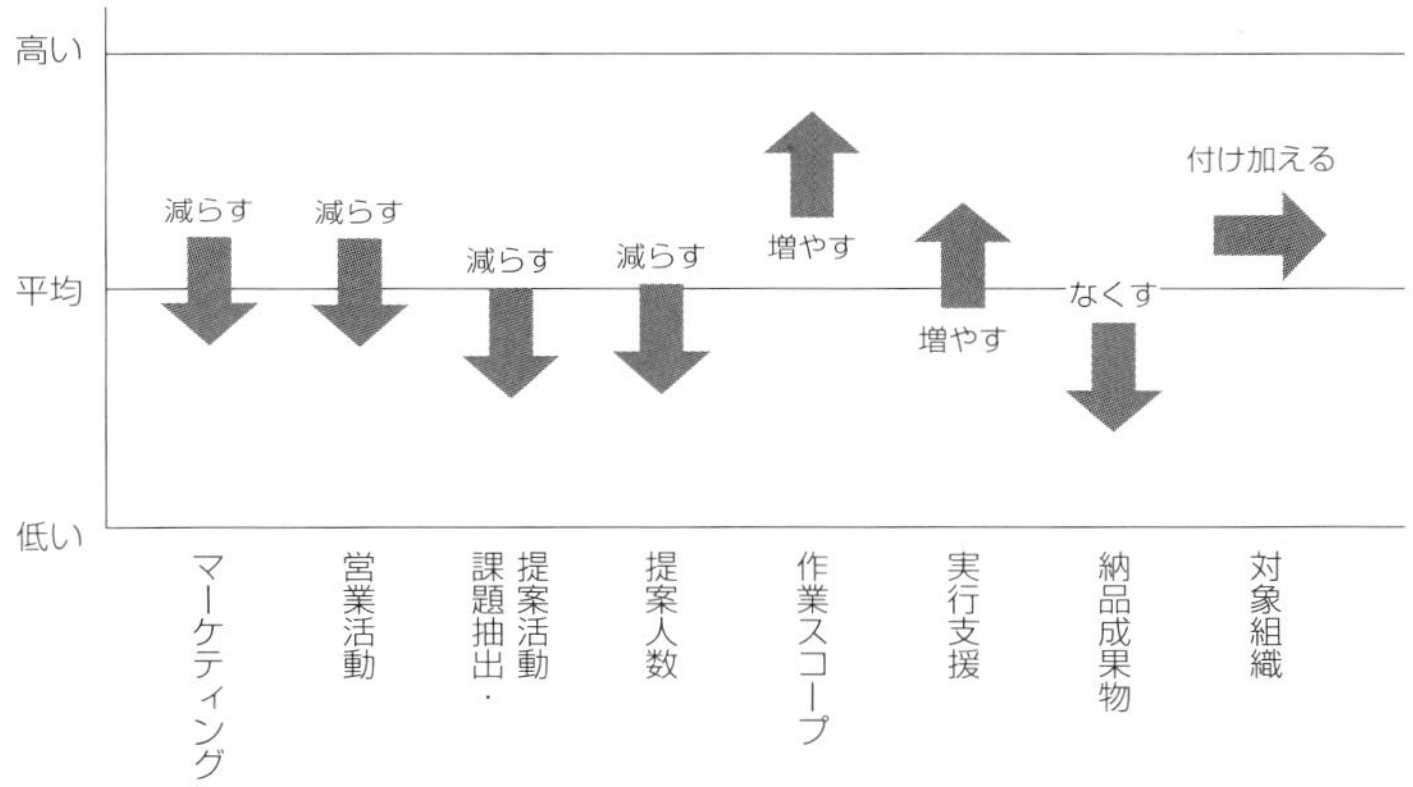


©Management Solutions co., ltd.

▶図表1-10　PMOサービスにおける価値曲線グラフ（例）

でした。プロジェクトマネジメント支援を専業でやっている会社が珍しく、10年以上前はイベントに出るだけで新規に2、3社を受注できるような状態だったからです。「営業活動」も同じです。「PMOを専業でやっています」というだけで、すぐに受注につながります。前述したように、顧客の課題を分析するといった営業活動は必要ありませんでしたし、PMO以外の提案はしませんから、「課題抽出・提案活動」も「提案人数」も少なくなります。人数だけでいえば、大手SIerならば5～10人という受注を目指すはずです。しかし顧客の立場からいえば、PMOの人数はそこまで必要ありません。

PMOはプロジェクトマネジメント全般を担う立場であり、我々の成果はプロジェクトの成功です。プロジェクトを俯瞰して全体のマネジメントを支援していくわけですから、作業スコープは広く、実行支援は高くなります。また、SIerは多くの場合、実際に請け負ったシステムを持ち帰って自社で開発しますが、ＭＳＯＬは現場で支援するので、顧客からは毎日献身的にやってくれるように見えます。特にコロナ禍以前はオンサイトでしたので、実行支援としての十分な価値を提供できたと思っています。現場で汗をかく分、ドキュメントといった納品成果物や検収リスクはありません。

対象組織も、ひとつのプロジェクトだけでなく、事業部や部門レベルを超えた複数のプロジェクトを組織横断的に見ていきます。我々は、これを「組織ＰＭＯ」といっており、いまではＥＰＭＯという全社的なＰＭＯ組織という形で価値提供するようになりました。このように、対象組織がどんどん広がっていることも、他社との大きな違いのひとつだと思っています。

ここまで説明してきたように、価値曲線グラフはＭＳＯＬの特徴と他社との差別化ポイントを明確に可視化できます。私が営業活動していた最初の頃も、提供価値の違いを使って説明すると、お客様は他社との違いをすぐに理解してくれました。ＰＭＯの営業に苦労しなかったのは、価値曲線グラフを利用し、提供価値を明確化したことが大きかったように思います。

| MSOLが採った戦略 | 弱者 | ランチェスター戦略 | 強者 |
|---|---|---|---|
| PM／PMO専門特化 | 差別化戦略 | 基本戦略 | ミート戦略（同質化） |
| PMOのみ | 一点集中主義 | 主義（商品戦略） | 総合主義（物量戦） |
| 発注側の立場 | 局地戦 | 地域戦略 | 広域戦 |
| | 接近戦 | 流通戦略 | 遠隔戦 |
| | 一騎討ち戦 | 顧客戦略 | 確率戦 |
| PMに課題を持つ企業のみ | 陽動戦 | 戦法 | 誘導戦 |



▶図表1－11　ランチェスター戦略（MSOLが採った弱者の戦略）

## ランチェスター戦略

ランチェスター戦略は、「同じ武器なら勝敗は兵力数で決まる」という前提で、戦力に勝る「強者」と戦力の劣る「弱者」に分け、それぞれがどのように戦えば、戦局を有利に運べるかを考える戦略論です。業界トップではなく、2位や3位の企業が採るべき戦略とされていることから、「弱者の戦略」ともいわれています。主に流通業で使われます。

前提からいえば、ベンチャー企業はどの会社も弱者です。MSOLもベンチャーですから、弱者になります。では、この弱者の戦略にMSOLがどういうふうに当てはまるのか。それを考えた結果が図表1－11です。ランチェスター戦略はPMOのようなプロフェッショナルサービスでは利用しにくいものがありますが、ほぼ適合しました。

## 見えない大陸

最後は大前研一氏の「見えない大陸」です。大前氏は、グローバル経済が拡大する1980年代半ばに、『ボーダレス・ワールド』という本で、ボーダレス経済圏における戦略を描いたことで世界的に有名になった経営コンサルタントです。マッキンゼー・アンド・カンパニーの退職後は、日本でビジネス・ブレークスルー大学を設立して学長に就任しました。その大前氏が『ボーダレス・ワールド』をベースに書いたのが *The Invisible Continent*（見えない大陸）です。最初に英語版が出て、その後、日本語版が出版されました。

同書は、20世紀までとはまったく異なる、ネットの経済圏が広がった21世紀にどのような戦略で戦うべきなのかを説いた本です。大前氏は、「実体経済」「ボーダレス経済」「サイバー経済」「マルチプル経済」という4つの経済空間があり、それぞれは相互に作用しあっているといいます。

- **実体経済**：ケインズ経済学が機能していたときの経済空間のこと。この経済空間は今後も継続し、他の3つの経済空間と相互に関係を持つ

- **ボーダレス経済**：21世紀においては、通信、人・モノ・カネの移動、さらに消費までもが国境を越えており、消費者は瞬間的に同じ情報を共有することが可能となる。企業は、国内経済の中で事業をしているときにはまったく必要のなかった世界瞬時性をこの先意識していかなければ、瞬時にビジネスチャンスを、世界のどこかのプレイヤーに取られてしまう可能性がある
- **サイバー経済**：インターネットの登場で出現した経済空間のこと
- **マルチプル経済**：マルチプルとは乗数のこと。つまり、数式上の仮説だけで成り立つ空間のことを指す。たとえば、期待感によって株価の上昇が起こること等を含む

ボーダレス経済とは、グローバルに広がる経済のことです。サイバー経済は、ネット経済のことを指します。いずれはメタバースになるかもしれません。マルチプル経済は、掛け算でどんどん増えていくような経済のことです。例としては、ＩＰＯがいちばんわかりやすいでしょう。

この４つの経済空間それぞれにＭＳＯＬを照らし合わせていくと、「実体経済」は大企業、「ボーダレス経済」は海外、「サイバー経済」はPROEVERやｅラーニングのようなクラウドベースのサービス、「マルチプル経済」はＩＰＯやＭ＆Ａとなります。我々が狙っていく市

場は大企業ですし、海外展開も当時から描いていました。そして、「サイバー経済」と「ボーダレス経済」は相互に作用しています。たとえば、英語版のｅラーニングを開発して世界中に売るなんてことも、クラウドベースでの提供なら容易です。また、ＭＳＯＬの株はネット上で売買されています。

さらに、上場することでより成長を加速させることができます。Ｍ＆Ａも同じで、要するに、お金で時間を買うということです。それが「実体経済」での大企業に対する価値提供につながっていくわけで、４つの経済空間が相互に作用していることの証しといえます。「見えない大陸」は考え方の整理をするためのフレームワークと思えばいいでしょう。20年前に知ったときにはすごいと思いましたが、いまでは当たり前になってきています。そう考えると、大前氏はすごく先見の明がある方だと改めて思います。

## 学びを通じ戦略の見込みに確信を得る

ここまでの説明で、ＭＳＯＬの戦略は理解できたかと思います。このようにまとめると、一度に戦略の全体を描いたように思えるかもしれませんが、そんなことはありません。ＰＭＯというユニークなソリューションに特化することを思いついたのは２００４年の頃。それを戦略という形に落とし込むには３年ほどの時間がかかりました。２００７年の中期経営計画でポジショニング戦略あたりまで考え、２０１０年の中期経営計画でやっとアウトソーシングを明確に打ち出せました。ですから、戦略として固まったのは２０１０年頃です。

繰り返しになりますが、ＭＳＯＬの戦略は「市場価値は高いものの、他社が手がけていなかったＰＭＯというユニークなソリューションに特化する」です。この戦略が正しいかどうか、市場の反応を検証するために行ったのが現場でのＰＭＯと、ウェブ連載「ＰＭＯを生かす」でした。また、クオータリーで出ていたアメリカのプロジェクトマネジメント情報誌 *Project Management Journal* を取り寄せ、ＰＭＯに関する最新情報をチェックしたりしていました。

特に有意義だったのは、カナダ・ケベック大学モントリオール校のブライアン・ホッブス元教授とモニーク・オーブリ教授によるＰＭＯに関する論文「Project Management Office（ＰＭＯ）: A Quest for Understanding」（Project Management Inst、２０１０年 *Project Management Journal*）です。アマゾンの紹介文（英文）を訳すと、次のようになります。

> ＰＭＯが組織に登場してからの過去10年間、プロジェクトマネジメントの実務者やその組織はＰＭＯをどのように構築し、どのような機能を割り当てるべきかを問い続けて

います。著者であるブライアン・ホッブスとモニーク・オーブリはこれらの質問に対処し、現在のPMOのあり方やその変化の理由についての手がかりを提供しています。特に実務者にとって興味深いのは、PMOが組織において果たす役割について論じており、PMOをより良く構築し、構造化し、管理するための貴重な洞察を提供している点です。PMOを設計する際、組織にはPMOの構造や役割の割り当てに関するさまざまな選択肢があります。この研究はPMOを種類別に定義する方法を提供し、特定のタイプのPMOに応じてPMOをどのように設立し、定義するかを探求しています。著者らは、PMOの種類の多くの基準、構造的特性や機能を含めて論じており、これらのタイプが組織内でのPMOの役割にどのように影響するかについても触れています。

この論文で、私はPMOの本質を理解しました。PMOとは結局のところ間接部門であること。そして、間接部門が肥大化したらアウトソーシングするようになるということ。同論文によって確信を得たことで、2010年の中期経営計画ではPMOのアウトソーシングを打ち出せたのです。

## ブランディング

ブランドというと、女性ならルイ・ヴィトンやエルメス、男性ならフェラーリやポルシェといったラグジュアリーブランドを思い描くかもしれません。そういうラグジュアリーブランドの顧客は、そのブランドの商品が高くても購入します。それは、そのブランドを信頼しているからです。そして、その信頼が競争優位性につながります。

それでは、なぜブランディングは競争優位性につながるのでしょうか。それは、信頼関係を築くのに時間がかかるからです。一度、信頼関係を築くことができれば、よほどの裏切りがない限り、その信頼は続きます。ラグジュアリーブランドにはその歴史がある、いい換えれば信頼関係を長い間継続してきたことになります。そこに価値があるのです。ですから、ブランドの構築には時間がかかります。

企業はブランドを構築するためにさまざまな施策を実行します。ここでは詳しい説明は省略しますが、ブランディング施策は顧客に対するアウターブランディングと、従業員に対するインナーブランディングの2つに大きく分けることができます。アウターブランディングでは顧客の内面に訴求することで、インナーブランディングではバリューを内面に浸透させることで、信頼を醸成していきます。さらに、バリューが浸透した従業員の行動が、顧客にポジティブな体験を提供するようになります。どちらにも共通することは、「時間をかけて」信頼を醸成するということです。

ブランド構築の理論もたくさんありますし、本も多く出版されています。詳しい説明はそれらを参考にしていただくとして、ここではブランディング施策を3つほど紹介します。

まず、供給量の制限です。あえて販売数を減らして希少性を高める施策で、ラグジュアリーブランドによく見られます。エルメスやフェラーリなどでは、ブランド側が顧客を選ぶといった姿勢を見せることがあります。「お金を出せばなんでも買えるわけではない」ということを示すのが狙いです。ただし、この施策はすでに商品名やサービス名が認知されて、ある程度ブランドが構築されていなければ、さほど効果はありません。

一方、まったく知られていない商品やサービスのブランディングで効果が期待できるのはテレビCMやキャンペーンといった広告宣伝です。広告宣伝で、商品やサービスの認知度を上げて価値を上げるのが狙いです。ただし、こうした広告宣伝は一過性では意味がありません。なぜなら、ブランド価値はひたすら訴求し続けていく中で少しずつ強固になっていくものだからです。たとえば、ユニクロはいまでこそ手頃な価格で良い品質の衣料品が手に入るブランドとして定着しましたが、30年ほど前は安いカジュアルウェアというイメージでした。かつてのこうしたイメージはすっかり払拭されていますが、そこに至るまで10〜20年かかっています。

最後はロゴです。意外に思うかもしれませんが、企業のロゴはブランドの構築にひと役買っています。たとえば、ソニーでは「SONY」という独自のロゴを使っていますが、同社はこのロゴを唯一無二としてこだわってつくったそうです。当然ながら、使用には厳しいレギュレーションがあり、色や文字の配置などがブランディングガイドラインに細かく規定されています。

ブランディングとは、施策の実施によって、顧客に自社の商品やサービスについて共通のイメージを認識させて市場でのポジショニングを確立することで、顧客を獲得することとされています。これには時間をかけ、戦略的に考えながら取り組んでいく必要があります。

## MSOLのブランディング戦略

私は、ブランディングは広い意味で戦略の一環だと捉えています。ですから、カラーリングやロゴなどのイメージづくりにはこだわっています。オフィスもそうです。現在のオフィスは3つ目ですが、すべて同じデザイナーの方にデザインしてもらっています。テーマは「温故知新」。古いようで新しい、新しいようで懐かしいようなイメージです。また、カラーリングは海のイメージで、船の要素をあちらこちらに散らばせました。

イメージにこだわるというのは、私が外資系コンサルティング会社にいたからかもしれません。アメリカのコンサルティングファームは、イメージにすごくこだわります。おそらく、コンサルタントがモノをつくる仕事ではないからでしょう。イメージやブランディングをすごく意識しています。

最近流行りのパーパスもブランディングのひとつだと思っています。いまのMSOLのパーパスは「マネジメントを、世界を動かすエンジンに」。その前は「ビジネスに、もっとハ

■コンセプト

シンボルマーク

シンボルマークは社名の頭文字であるMとSが創造性を育む大海のように
大きく波打つイメージを表現しています。
青色はブルー・オーシャン戦略を実現するという海の色を、オレンジ色はエネルギッシュであり、
天真爛漫な明るさを持つ社員の集まりであるという意味を表します。

ロゴタイプ

当社のロゴタイプは、アルファベットで「MSOL」（エムソル）と表します。
マネジメントの「M」と最も高い位置に達するという意味から、
地球の枠を超えたというイメージを連想した「SOL」という文字を合わせて、
「従来のマネジメントの価値を超える」という意味を表します。
「地球の枠を超えた」という言葉から宇宙をイメージした0の文字を入れることにより、
先進性や未来を感じさせるデザインとなっています。



▶図表1-12　ロゴガイドラインの一部

ピネスを」でした。いずれにしても、自らのブランドを言葉として示すことは大切なことだと思っていますし、ＭＳＯＬでは当初から意識して言語化しています。なぜなら、我々のブランドはモノでも場所でもなく、人財だからです。その人財がどのような人物で、どういう実績があるのか。それを伝えるのは言葉です。言葉をしっかりと社内外に伝えることで、我々のブランド価値を感じてもらうということです。

　また、先に説明したソニー同様、ロゴにもこだわっています。最初のロゴは創業2年目に私が手書きし、デザイナーにきれいに描き直してもらったものです。それ以来、さまざまな修正を加えながらも使い続けています。こういうことは感覚的なものですから、自然

にこれがＭＳＯＬというものを想起させる、イメージさせることにつながることが重要です。ロゴガイドラインも策定し、ブランディングにおけるロゴを大事に運用しています。

こうして時間をかけて「こだわり」を示していくこともブランドです。また、一貫性のある変わらないものがインテグリティにつながるとも考えています。しかしながら、我々のブランドの示し方は言語ですから、こういったビジュアルで説明するしかありません。だからこそ、そこにこだわっているという姿勢を見せることが大切なのです。

もう1点、ＭＳＯＬがブランディングにこだわりがあるのは社員の採用のためでもあります。なぜなら、「ＭＳＯＬらしい」人を採用しなければならないからです。ＰＭＯという仕事は「人」が中心になりますから、人間的に「いい人」のほうがうまく回ります。個人的には、ガツガツと営業してくる人よりも、「いい人」だと感じる人に声をかけたくなります。ＭＳＯＬには、そういう「いい人」といわれるような人財が多くいます。「いい人」をたくさん集めたときに、どういった仕組みでビジネスが成り立つか。そこにも、ワクワクしています。

## 現場での価値提供がブランドにつながる

ここまで、一般的なブランディング、ＭＳＯＬのブランディングについて書いてきました。ブランディングの理論は多岐に渡ります。そういった中で多いのは、広告宣伝を通じて一般消費者やクライアント企業に自社が提供する商品やサービスを感じてもらう、理解してもらうというものです。しかし、ＭＳＯＬの最も重要なブランディングは、現場でサービスを提供する中で築かれていくものに含まれています。そのことを覚えていてほしいと思っています。

30年ほど前、業績不振だったスカンジナビア航空をV字回復させた社長が書いたヤン・カールソン著『真実の瞬間――ＳＡＳのサービス戦略はなぜ成功したか』（ダイヤモンド社、１９９０年）には、飛行機の中でのキャビンアテンダントのサービスの一つひとつが、顧客へのいちばんの価値提供となったと書かれています。どれほど有名な航空会社、どれほどブランドのある航空会社でも顧客満足度を上げることが最も重要だということです。

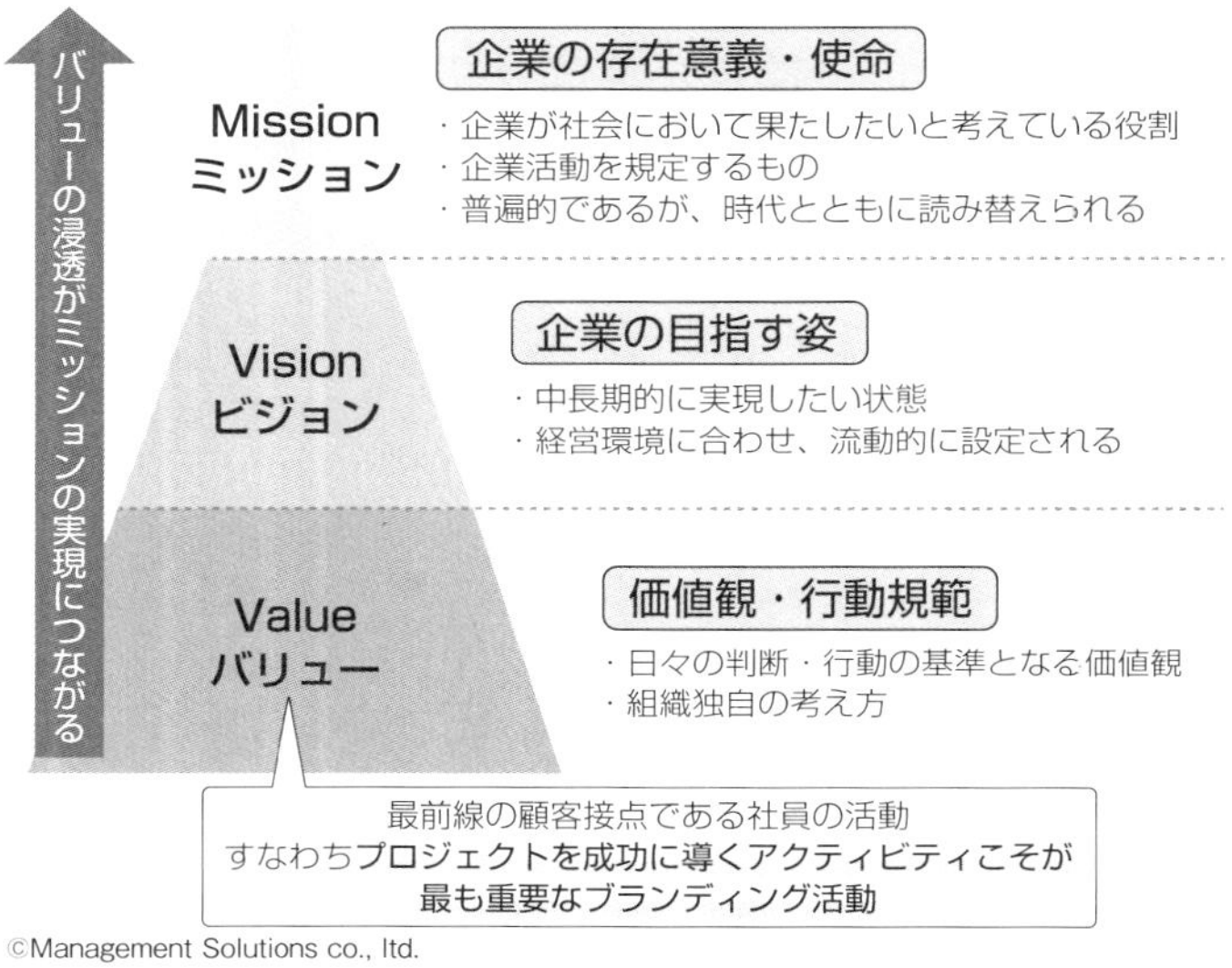
企業の存在意義・使命
Mission
ミッション
・企業が社会において果たしたいと考えている役割
・企業活動を規定するもの
・普遍的であるが、時代とともに読み替えられる
企業の目指す姿
Vision
ビジョン
・中長期的に実現したい状態
・経営環境に合わせ、流動的に設定される
価値観・行動規範
Value
バリュー
・日々の判断・行動の基準となる価値観
・組織独自の考え方
バリューの浸透がミッションの実現につながる
最前線の顧客接点である社員の活動
すなわちプロジェクトを成功に導くアクティビティこそが
最も重要なブランディング活動
©Management Solutions co., ltd.

▶図表1−13　ブランドの源泉は現場

ＭＳＯＬも同じです。ＭＳＯＬが現場でどのような価値提供をしているのか。そのことが積み重なって結果的にブランドにつながるのです。それがコアバリューで、コアバリューをベースとしたデリバリーを行っているとすれば、ゆくゆくはビジョンの具現化にもつながり、方向性としてミッションにつながっていきます。

この一連のつながりをどう時間をかけてしっかりとつくっていくかが、まさにブランドの要です。ロゴやブランドパーパスに示した言葉、そして現場における顧客に対する価値提供、この２つが両輪となってブランディングが具現化されていくのだと、私は思いま

✓企業の行う活動のうち、「顧客が真に求める商品やサービスをつくり、その情報を届け、顧客がその価値を効果的に得られるようにする」ための活動であり、商品開発から販売戦略の策定、広告宣伝に効果検証までの一連のプロセスを、一貫して計画して実行・管理することである。

■マーケティング戦略の全体像

| 環境分析 | | 戦略立案 | 施策立案 |
| --- | --- | --- | --- |
| ・3C分析<br>・VC分析 | ・SWOT分析<br>市場機会・事業課題の明確化 | ・セグメンテーション<br>・ターゲティング<br>・ポジショニング | 施策の立案（4P）<br>・Product（製品、サービス）<br>・Price（価格）<br>・Place（販売チャネル）<br>・Promotion（広告、販促） |



▶図表1-14　マーケティング戦略全体像

す。

## マーケティング戦略

本章の最後は、マーケティング戦略です。戦略に劣らず、マーケティングにも理論はたくさんあります。よく知られているフレームワークだけでも、3C分析（自社、競合、顧客）、SWOT分析（強み、弱み、機会、脅威）、4P（製品、価格、プロモーション、チャネル）、バリューチェーン分析などがあります。

ただし、これらは製品が中心だった大量生産大量消費の時代（マーケティング1・0）のフレームワークです。その後、マーケティングは消費者志向の2・0、インターネットが普及したことで価値主導になった

３・０、ソーシャルメディア全盛で自己実現が叫ばれている４・０と、時代に合わせて目まぐるしく変わってきました。こうした変化を「マーケティングの変遷」と呼びます。

一方で、マーケティングとは企業の行う活動のうち、顧客が真に求める商品やサービスをつくり、その情報を届け、顧客がその価値を効果的に得られるようにするための活動であるという定義に変わりはありません。具体的にいえば、商品開発から販売戦略の策定、広告宣伝、効果検証までの一連のプロセスを一貫して計画し、実行・管理することです。

## ＰＭＯビジネスの市場規模

前述したようなマーケティング戦略を実行するには、まずマーケットを知る必要があります。端的にいえば、「ＭＳＯＬが狙っているマーケットはどこか」ということです。ＭＳＯＬの戦略を「集中戦略で、大企業に対して価値提供を行う。ＰＭＯでマネジメントの実行支援を行う」と決めたと説明しました。それでは、そのマーケットはどのくらいあると思いますか？

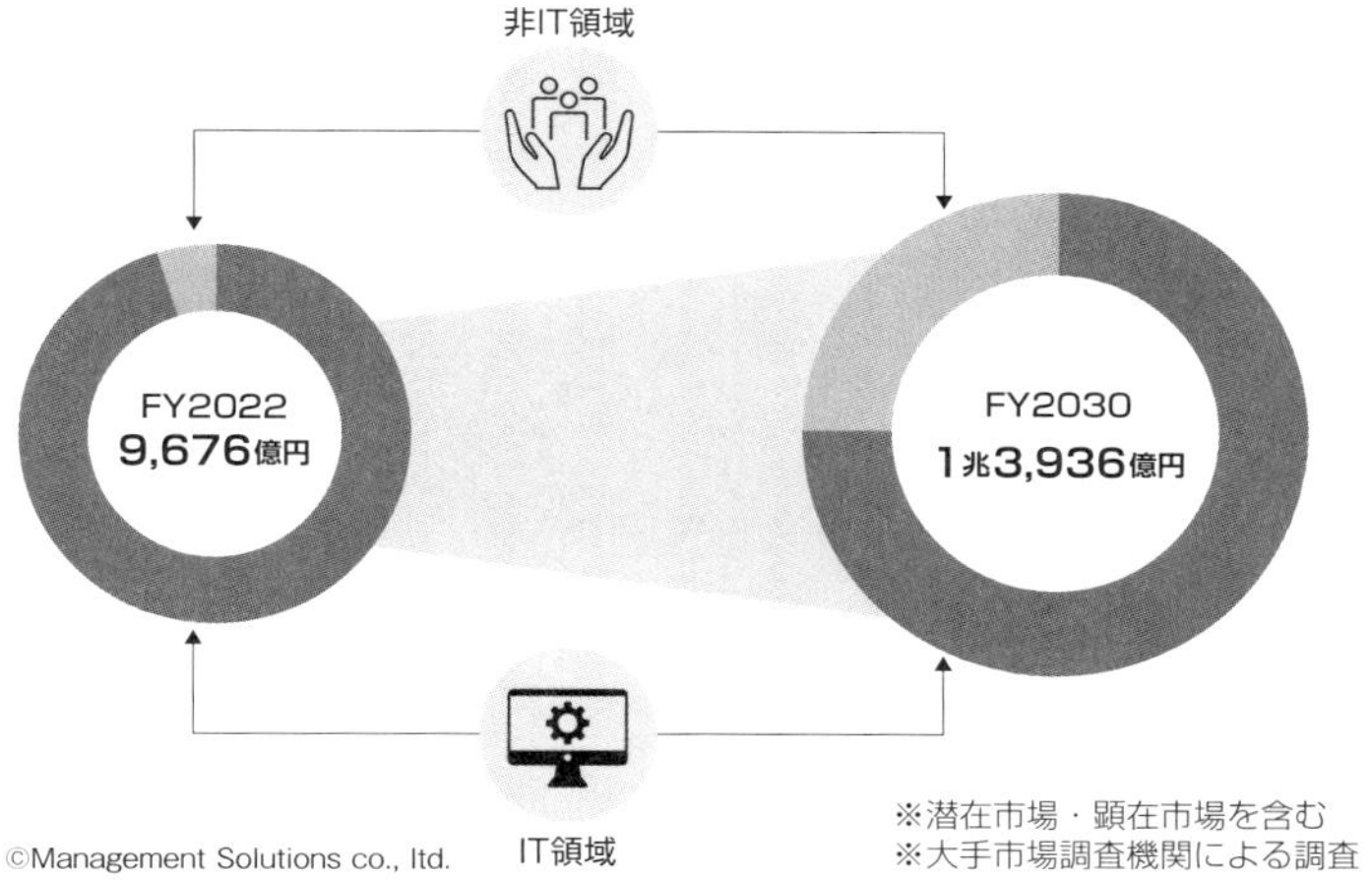


▶図表1-15　国内のPMO市場規模

ＭＳＯＬのクライアントとなり得る日本の上場企業の売上げ合計は約８５６兆円（２０２２年、IR Bankより）です。つまり、ＭＳＯＬが狙うべき市場規模はおおよそ８５６兆円あるということになります。そこからさらに、各社がプロジェクトマネジメントにどのくらいのお金を使っているかですが、それにはＩＴサービスやＳＩの市場規模が参考になります。ＩＤＣジャパンの調査によると、２０２３年度の国内ＩＴサービスの市場規模は６兆４６０８億円。プロジェクト管理コストは、ＳＩの予算に対して８～10％といわれていますので、仮に外部委託はその半分だとすると約３０００億円。つまり、ＩＴ分野だけを見ても３０００億円の市場規模があると考えられます。

また、某大手調査機関によるPMO市場調査によると、潜在市場を含めた市場規模は、約1兆円あるとされています。これは、IT以外の分野、建設、製造業における研究開発、製薬会社の薬品開発、各種イベントなどありとあらゆるプロジェクト活動において、プロジェクトマネジメントの支援ニーズがあるということを意味しています。政府の施策に関する予算だけでも数十兆円規模ですから、その8〜10％と考えても数千億円の潜在市場があるということになり、まだまだ広がりのある市場であるといえます。

次に、海外のPMO市場規模を考えてみましょう。PM Solutionsによると、PMOはアメリカを中心に収益10億米ドル以上の企業の95％に普及しています。このデータは2016年と少し古いので、いまはもっと普及していると思います。実際、ガートナーが2020年に発表したハイプサイクルの中に、プロジェクトマネジメント市場の新しいトレンドとして「PMO as a Service」が出てきました。今後、PMOは世界中、特にアジア全体に普及していくことになるはずです。

なお、PMO as a Serviceを専業にしている企業についてはまだ調査中ですが、PMO as a Serviceの普及を見越して、中国の子会社MSOL Chinaでは「PMOaaS」を商標登録しました。マーケティングの一環で、彼らがロゴもつくっています。MSOLがこの市場を獲りにいく、ＭＳＯＬがこの市場で価値提供できる会社であることを示していくということです。日本でもPMO as a Serviceという言葉を普及させるべく、今後は商標登録なども含めて進めようと考えています。

ここまでＰＭＯの普及が世界的な潮流であることを説明してきましたが、この状況は必然ともいえます。これは、日本企業に限らず世界中のどの企業にもいえることですが、ＰＭＯを自前で抱えることは間接部門を増やすことに他ならないからです。２０１２年に参加したアメリカのＰＭＯシンポジウムでは、企業内ＰＭＯは自分たちのバリューアップをどうするか、つまりＣＥＯなりＣＦＯなりにどれだけＰＭＯの必要性を訴求できるかが重要であるといっていました。

しかし、私はどれだけＰＭＯが増えても、またＰＭＯがなければプロジェクトが成功しないということをCxOが理解して評価したとしても、ＰＭＯの本質が間接機能であることには変わりがないと思っています。そして、そういう間接機能が肥大化していけば、やがてアウトソースの方向に向かうことになります。２０１０年の中期経営計画にＰＭＯのアウトソーシングというビジョンを描いたのは、そういう根拠があったからなのです。

## MSOLのマーケティング施策

最後に、過去のMSOLのマーケティング施策を説明します。先に述べたように、創業当初から営業活動をしなくても依頼はありましたし、逆に人手不足が続いていたこともあり、積極的に広告宣伝をすることはありませんでした。その方針が変わったのは、東京証券取引所マザーズ市場に上場した後です。上場によりブランド価値は格段に上がったと考えていましたが、まだまだ一般的には知名度が低かったこともあり、採用が思うように伸びなかったのです。複数の内定をもらっている人は、やはり聞いたことのある会社に行ってしまいます。とはいえ、事業を拡大するには、多くの人財が必要です。そこで、知名度を上げるためにテレビCMを打ち、ネットマーケティングにも力を入れることにしました。その結果、人財の獲得は以前よりも容易になりましたし、売上高も営業利益も右肩上がりに増加しました。

具体的に見ていきましょう。最初の打ち手は、日経BPのIT Pro（現・日経クロステック）にウェブ連載「PMOを生かす」を掲載することでした。これはプロジェクトにおけるPMOの役割や実務について紹介したコラムで、2007〜2013年まで100回続きました。実は、この連載は偶然が偶然を呼んだ形でスタートしました。まず、ドラッカー学会のキックオフに参加したときに、知人に日経BP社の方を紹介してもらいました。彼にPM

Oに関するコラムを書きたいと話したところ、紹介してもらったのが当時IT Pro編集部にいた記者です。彼はアーサー・アンダーセン出身で、PMOのこともご存じでした。そのご縁から、「PMOを生かす」が始まったのです。PMOはいまでこそ理解されはじめていますが、当時は「なんですか、それ？」と聞き返されるくらい、知られていませんでした。そして結論をいえば、この「PMOを生かす」が起爆剤となりました。ウェブでの反応を知りたいと思って始めた連載が、PMOの普及だけでなく、MSOLのソリューションを明文化するということにもつながり、想定以上の効果をもたらしたのです。いまだに「これを読んでPMOを勉強しました」「やってみました」という人は多いです。

さらに2010年には、初の書籍である『PMO導入フレームワーク』（生産性出版）を出版しました。これがひとつのターニングポイントとなりました。実はこの本を出版する前、戦略は決めていたものの、戦術としてソフトウエアで勝負するか、人で勝負するか決めきれていませんでしたが、アクセンチュア時代にSEも経験したこともあり、ソフトウエア技術に対する興味関心から、開発に夢中になっていました。今思えば、経営者の判断としては失格だと思います。この状況が変わったのはリーマンショックが起きたからです。リーマンショックで落ちた稼働率を上げ、売上げをつくらないといけない。そこでソフトウェア開発をやめ、サービスに注力することにしたというわけです。それが2009年のことです。このとき、人を採用して教育・評価していく仕組みが必要だと思い本腰を入れはじめました。それがいまのMSOL経営システムの原型になっています。

出版した頃にはリーマンショック後の景況感もよくなり、この本をきっかけに新たな案件も受注できるようになりました。また、社員もMSOLのPMOのやり方を理解できるようになってきました。これがかなり大きかったです。その後、社員もどんどん増えて、2011年頃には50～60人くらいにまで増えました。

この本はいまだに売れ続けており、最近知り合ったある会社社長は、「全社員が買って読んでいます」と語っていました。そういってもらえると、死ぬ思いをして書いた苦労も報われるというものです。

このように、最初の10年はウェブ連載と書籍の出版のほかはイベントに出たり、セミナーで講演したりはしていましたが、特にマーケティング活動をしているとか、広告宣伝をしているという意識はあまりありませんでした。とにかくPMOのことを知ってもらいたい、MSOLのやっていることを世に広めたい、その思いを伝える機会をつくっていただく中で、偶然が偶然を呼んでどんどん広がっていったという感じです。ネットで検索に引っかかりやすく費用をかけたのも、10年以上経ってからです。

そして2018年にマザーズ市場に上場したのですが、それまでマーケティングや広告宣伝を意識的に行っていなかったこともあり、ＭＳＯＬが知られていないために内定承諾が取れず、悩みました。「やっぱりＭＳＯＬが知られなきゃダメだ」と。また、新卒採用の際に、ＭＳＯＬは非常に難しいことをやっている会社だと思われていることも知りました。確かに、当時のホームページは、プロジェクトマネジメントのプロとしてそれらしいつくりをしていましたし、説明も難しい単語を使っていて、一般の方から理解を得るのは難しかったと思います。

上場して1年、大手広告代理店からテレビＣＭの提案をいただきました。当初は売上げもそれほどではなかったこともあって悩みましたが、やはり記憶に残るような会社にならなきゃチャンスを逃す――そう思って、思い切りました。ＤＡＩＧＯさんを起用し、ＰＭＯという3文字で、テレビＣＭをやろうと。結果、イメージ向上につながりました。テレビＣＭだけの成果ではありませんが、採用も上向き、２０２２年10月期には売上高成長率１６０％を超え、日経新聞の成長する中堅企業Next 1000の1位になりました。

まとめると、ＭＳＯＬのマーケティングでは、最初の10年間は「市場価値は高いものの他社が手がけていないＰＭＯというユニークなソリューションに特化する」という戦略が、結果的にコスト低減につながりました。上場後は、人財獲得と知名度アップのためにテレビＣＭを打ち、その効果も十分に出たと思っています。この経験から、皆さんに伝えたいことは、マーケティングは理屈ではないということです。理論を学んだからといって、うまくいくものではありません。試して、効果を検証して、また変えていく。そのPDCAサイクルを回していくしかないのです。

幸いなことに、いまの時代、広告宣伝の手法はマスメディアだけではありません。動画配信、SNS、ホームページといったネット広告も効果的です。おそらく、最もコストパフォーマンスがいいのはネット広告でしょう。なぜなら、PMOに困った人は、まずネット検索することが多いからです。PMOに関するさまざまな情報を検索すると、MSOLが16年間かけて積み上げてきた情報が出てくるはずです。ネット上のアーカイブとアナログでの出版、テレビCM、そうしたものの相乗効果で、ホームページ経由での問い合わせだけでも毎月20件くらいあります。

P・F・ドラッカーの有名な言葉に、「マーケティングとは営業する行為をなくす活動である」があります。たとえば、アップルがそうです。アップルストアの接客を見ていると、売っているという感じはまったくありません。そういう意味では、MSOLも初期の頃から、ブランディング戦略もマーケティング戦略もやっていたといえそうです。

# 第2章

# MSOLの「組織」

## 組織とは

組織論の大家チェスター・I・バーナードは、組織を「**二人以上の人々の意識的に調整された活動や諸力の体系**」（『新訳 経営者の役割』ダイヤモンド社、1968年）と定義、共通目的に向かって協働意欲を発揮してコミュニケーションを取る状態を生み出すことで組織はつくられると提唱しました。それから1世紀近く経ちますが、いまだにこれが組織論の原理原則です。

一方で、人間社会、人間組織と考えた場合、ホモサピエンスという生物種そのものの特性を理解する必要があると考えています。ユヴァル・ノア・ハラリは、世界的ベストセラーとなった『サピエンス全史』（河出書房新社、2023年）で「**他の動物と異なる強みは、信じる力を持つことである**」と述べています。このように、組織を考える際、原理原則を軸に組織を捉え、構築していくことが経営理論を活用した組織づくりには肝要です。

## MSOLの組織をつくる

　MSOLの組織をどのようにつくればいいのか。創業後の2、3年、後述する経営理論をベースに思考錯誤してきましたが、最初は組織らしい組織もなく、それが組織らしい組織になってきたのは5年目、6年目くらいでしょうか。MSOLらしいと思える企業になるまで、4つの枠組みの中では「組織」が最も時間がかかりました。振り返ると、創業から10年目くらいまでは採用した分、離職するといった感じで、社員数が100名を超えることはありませんでした。正常な新陳代謝であれば、組織の成長という点において必要なことですが、これでは組織の拡大は見込めませんし、売上げも伸びず、事業も成長することができません。

　よく30人の壁、60人の壁、100人の壁といいますが、MSOLもまさにその壁にぶつかりながら、成長を続けてきたということです。さまざまな会社の状況を知ることで、100人を超えるような組織は創業者のワンマン経営が力を発揮すると考えていました。ですが、それ以上の組織拡大のためには、逆に足枷となります。1000人規模の組織をつくるためには、何かしら確固たる仕組みや仕掛けが必要になると考えていました。そこで、私がまず参考にしたのはアクセンチュアでした。戦略もそうですが、ＭＳＯＬの組織をどうするかと考えたときも、私はアクセンチュアで体験したことを取り込むことにしたのです。

組織をつくっていくうえにおいて、アクセンチュアはかなり成功しているように見えました。私は、アクセンチュアが成功した要因のひとつに新卒採用があると考えています。そう考えたのは、私が在籍していた１９９９年頃まで、キャリア採用は少なく、基本的にグローバル全体でも新卒採用で成長していたからです。全世界的に新卒を採用して、教育を行って組織をつくっていました。一方、アクセンチュアの後に転職したアーンスト・アンド・ヤングコンサルティングはキャリア採用中心でした。個々人が自立したプロフェッショナルであり、非常に働きやすく良い会社でしたが、人の出入りが激しく、組織としては未熟だったように思います。組織がかなりの縦割りで、一枚岩になる組織をつくろうとしていなかったということもあります。ただ、コンサルティング会社というのはそういう会社が多いように感じます。

これは組織の問題だけでなく、外資であることも大きかったのかもしれません。アーンスト・アンド・ヤングコンサルティングはフランスのキャップジェミニに買収されましたが、別のコンサルティング会社は中国系ファンドに買収されたりといった、資本の論理に左右される現実を間近に見ました。そういう中で、組織が瓦解していくということは結構あります。いずれにしても、ＢｔｏＢのプロフェッショナルサービスの組織をどうつくるか。なかなか成功例がないこともあり、時間がかかりましたが、そのときに考え得る取り組みを実行してきました。

## MSOL組織構築における理論の土台

日本社会において新卒中心の組織をつくっていくのは重要な戦略です。これは創業当初からそう思っており、ＭＳＯＬの組織も新卒を採用し、新卒中心の組織をつくっていこうと考えていました。前述したように、アクセンチュアは全世界的に新卒を一括採用し、教育して、組織をつくっていくという方針を採っています。日本の会社もまったく同じで、このやり方は特に日本社会で固い組織をつくっていくうえで重要です。

そこで、私はまず経営理論から学ぶことにしました。もともと私は、大学生の頃に組織論のゼミ、いわゆる経営組織論を取っていました。このゼミをきっかけに日本的経営に非常に興味を持ち、組織論的な観点で日本的経営の研究をし、卒論にまとめたほどです。卒論では「日本の企業経営の組織の源は、江戸時代から長く続く家の論理である」ということを論述しましたが、これは三戸公著『家の論理2　日本的経営の成立』（文眞堂、１９９１年）をベースに日本的経営の行く末に関して自分なりに解釈したものです。ただ、いま読み返してみても、日本企業の経営は驚くほど変わっていません。論文を書いたときと同じ日本的経営が続けられているように見えます。詳しくは、付章「日本的経営の源泉：家の論理」をお読みください。

当時読んだ1冊に、チェスター・I・バーナードの『新訳 経営者の役割』があります。55年ほど前に翻訳された新訳（原書タイトルは*The Functions of the Executive*）で、アメリカで30周年記念版として出版された原書第18版と同じ年に出版されました。バーナードはベル電話会社（後のＡＴ＆Ｔ）の社長を20年間務めた経営者で、同書はその経験を踏まえて書かれたものです。

この本は抽象的な言葉が並んでおり、非常に難解なことで有名です。バーナードは、前述したとおり組織を「**二人以上の人々の意識的に調整された活動や諸力の体系**」と定義し、組織が組織として成り立つためには「共通目的」「協働意欲」「コミュニケーション」が必要であると述べました。これがバーナードの組織の３要素です。彼は、この３つの要素のうちどれかひとつでも欠けると、それは組織ではないと定義しています。

私はこの『新訳　経営者の役割』を読んで、この手の本が好きになり、P・F・ドラッカー、ハーバート・A・サイモン、沼上幹氏などを読むようになりました。サイモンはバーナードの研究をベースに組織における意思決定に関する研究で、1978年にノーベル経済学賞を受賞した経営学者です。また、沼上氏は一橋大学名誉教授で、いまは早稲田大学商学学術院教授を務める経営学者です。私は抽象度の高い本を好んで読むので、一般に受け入れやすい日本の経営学者の本は好みではないのですが、沼上氏の書いた本は2010年前後にいろいろと読みました。本書では、当時読んだ書籍からMSOLの組織を構築するうえで参考とした以下の6冊を紹介します。

1. ハーバート・A・サイモン著『[新版]経営行動――経営組織における意思決定過程の研究』(ダイヤモンド社、2009年)
2. P・F・ドラッカー著『マネジメント[エッセンシャル版]――基本と原則』(ダイヤモンド社、2001年)
3. チェスター・I・バーナード著『新訳　経営者の役割』
4. 沼上幹著『組織デザイン』(日経BPマーケティング、2004年)、『組織の〈重さ〉――日本的企業組織の再点検』(日経BPマーケティング、2007年)、『組織戦略の考え方――企業経営の健全性のために』(筑摩書房、2003年)

## ハーバート・A・サイモン『経営行動』からの示唆1

前述したように、サイモンはバーナードの研究をベースに、組織における意思決定に関する研究をしました。バーナードは「共通目的」「協働意欲」「コミュニケーション」の3要素を満たすのが組織であるとしましたが、サイモンはそれを「**組織とは、情報のやりとり、すなわち情報の授受を媒介とする意思決定のシステムである**」と定義しました。彼は科学者でもあるので、科学的に分析していく中で、組織というのは情報のやりとりをするものであり、それをもとに物事を決めていくシステムであることに気づいたのです。

たとえば、ある商品を売り出すことになったとして、新しい価値をどう出して、どのように宣伝して、どう売っていくか。全体のビジネスをどうしていくかも含めてすべてひとりで完結できるのであれば、それは組織ではなく個人事業主であり、フリーランスです。でも、そうでないのなら、どうするかを決定する必要があります。それが「意思決定」です。サイモンは、意思決定を「**決定の諸前提から結論を引き出す過程**」であるとしました。これは、たとえば自社や競合他社の状況、現場で起こっていること、顧客のニーズといったさまざまな前提から、どのように行動に対する結論を導き出していくかというプロセスです。

では、「決定前提」とは何か。彼は、「価値前提」と「事実前提」があると説明しています。「事実前提」とは、要するに現状のことです。たとえば、自社が１００円で売っている商品を競合は90円で販売しているという事実、あるいはモチベーションサーベイの結果で社員のモチベーションが下がっているデータがあるという事実のことです。だからといって、競合に合わせて10円下げるということはしないでしょう。

そこで「価値前提」が重要となります。先ほどの例でいえば、自社の商品には競合よりもすばらしい価値があるにもかかわらず安くすれば、顧客から見たブランド価値を引き下げることになります。また、社員のモチベーションが下がっているからといって、給料を上げればいいというものでもありません。そういう話ではなく、そもそもどうすべきかという話です。では、どうやって価値前提を導き出すか。ここで重要となるのが、第1章で説明したミッション、ビジョンです。つまり、我々は何のために組織をつくって、仕事をしているのかということです。目的に向かっていることを踏まえて、最終的に結論を出していく。この両方の前提が必要なのです。

では、それらが合理的にいつも決まるのかといえば、実際にはなかなか決まりません。サイモンは「**完全な一組の価値前提と事実前提が与えられれば、合理性にかなった決定はただ一つだけである。すなわち、与えられた価値の体系と、指定された一組の代替的選択肢のもとでは、その他よりも好ましい選択肢が一つある**」といっていますが、その一方で「**一人の孤立した個人の行動が、多少なりとも高い合理性に達することは不可能である**」ともいっています。これについて、「**客観的合理性を達成するには、決定に先立って、①代替的選択肢から一つを選びだす基準としての価値体系を持つこと、②可能な代替的選択肢を網羅すること、③選択肢から生じる諸結果のすべてを知ることができなければならないが、人間はこのいずれも不完全あるいは部分的にしか実行できない**」と記されています。

実は、その本の中でサイモンは、「**バーナードの直観的判断の説明に悩まされた**」とも述べており、経営者の意思決定において、深く探求することになります。バーナードは著書『新訳 経営者の役割』の中で、「**意思決定はその機会主義的側面においては、まず現在の目的と、物的、生物的、社会的、感情的、道徳的なものから成る客観的環境とかから始まる。意思決定の理想的な過程は、過去の歴史、経験、知識に照らし、現状における行為の将来的結果の予測にもとづき、戦略的要因を識別すること、および目的を再定義するか変更するか、である**」と述べており、経営者の意思決定というのは、客観的な事実とか論理的な部分だけではなく、経営者のそれまでの経験や磨かれた価値観、思いなどを踏まえたものから生まれると考えていました。

このような経営理論を踏まえ、完全な合理的な意思決定の限界、一方で感情に左右されるような意思決定にも問題があり、いかに総合的に判断するか、いうなれば右脳と左脳をフル回転して、意思決定を行うかという点が重要と考えました。つまり一見、非合理的な判断も、そのときの、そのタイミングではあるかもしれない。それが、結果的に正しかった。そういうこともあるということです。

こうしたことは、プロジェクトマネジメントの世界でも少なくありません。そのときは無理だと思ってても実際やってみたらできたとか、そういうことは多々あります。これが組織における意思決定の難しさであり、すごく不思議なところであり、また、そこに可能性を感じるというところでもあります。

第1章でも説明したように、ＭＳＯＬの創業は２００５年ですが、初年度からＰＭＯビジネスに特化していたわけではありません。他のソリューションも同時並行で展開しながら、ＰＭＯに関する現状分析、つまり「事実前提」の情報を収集していました。特化しはじめたのは、２００８年頃です。しかもサービスではなく、ソフトウェアを自社開発することで展開しようと考えていました。その計画が狂ったのはリーマンショックが起きたからです。追加増資が難しくなり、ソフトウェア投資へのキャッシュが枯渇したことから、現在のサービスを中心としたＰＭＯビジネスの展開を決意したわけです。それが２００９年頃です。

２００５年から２００９年までの「事実前提」だけを捉えた場合、そもそもＰＭＯがキャリアとして認識されていなかった時代背景に加え、弱小企業であったために採用がとても困難な状況の中で離職率も高く、人財育成プロセスも未整備と、不可能に近いと考えざるを得ない状況でした。

それでもＰＭＯサービスに注力したのは、現場でのプロジェクト成功の実績が年々増加し、当時、現・代表取締役社長の金子啓氏ほかの社員が皆、「プロジェクトマネジメント領域における社会のインフラになる」という、当時のビジョンを具現化することに対する「価値前提」に重きを置いていたからです。サイモンが理解できないと述べたバーナードのいう「経営者というのは、客観的な事実とか論理的な部分だけではなく、経営者のそれまでの経験やそこで磨かれた価値観、思いなどを踏まえて、最終的に意思決定する」を行った結果、ＰＭＯビジネスは成功しました。

過去を振り返ると、なぜあのときあのような状況になり、その結論に至ったか。理屈では説明できない経験を繰り返してきました。中には失敗は成功のもとであり、成功は失敗の原因につながっていることも多々ありました。「価値前提」とは人間の信念、理念、価値観にこだわる姿勢であると考えます。

## ハーバート・A・サイモン『経営行動』からの示唆2

次も、サイモンの『経営行動』で参考にした理論です。それは、サイモンが前提とする人間像と組織の定義です。サイモンの理論で特徴的なのは、組織の構成員である人の合理性に対する認識の違いです。古典経済学の理論では、人はすべての情報や与件から完全に合理的な判断を行う主体であると定義しています。人間は社会における情報を個々人がすべて持っているという前提で、経済学は理論を構築しているというわけです。

ですが、そもそもその前提は間違っています。確かに50〜60年くらい前の経済学では当たり前の前提でしたが、サイモンはその前提に疑問を呈しました。そして、組織の複雑性から、人がすべての情報を手に入れることは不可能であるとし、それがゆえに合理的な判断を行うことはできないと論じました。これはドラッカーと同じです。ドラッカーの組織に対する考えも、一人ひとり感情を持った人間の集合であることを前提としています。

まとめると、サイモンは人が合理的な判断を行うためには範囲を限定する必要があり、その範囲を限定する措置が組織であるとしています。だからこそ、組織図が必要となるというわけです。無意識に営業本部の○○ですや、コーポレートＩＴ部の××ですといいますが、創業経営者の私からすると、それは経営者が勝手に決めた組織の名称であり、組織の箱です。

とはいえ、企業組織は、ある種限定された役割、限定された情報の中で、個々が判断して仕事をするのが当たり前となっています。したがって、その限定された範囲の中で役割なり部門なりをつくり、束ねるのが経営者の役割ということになります。

ここから導かれることは、組織図がいつも固定であるとは限らないということです。組織をどのようにつくっていくか、部門をつくり、役割をつくり、そこにどういう人を充てるか、これは経営者にとってとても重要です。そのため、組織というものに対するものの見方をしっかり持っておく必要があります。中には、組織を俯瞰的に見る目が養われずに、部門の立場とか、それぞれのポジショントークに終始するだけの人たちもいますし、MSOLも会社の規模が大きくなれば、そういう評論家的な人は絶対に出てきます。それをどう変えていくか。そうした大きな観点を養っていくうえで、こうした経営理論を読んで考えることが必要なのだと思います。

なぜなら、創業当初や社員数が100人程度の段階では合理的な判断を行える組織機構だったとしても、200人、300人と組織が急拡大していくと、それまで活躍していた社員に限って視点が低くなり、組織マネジメントを効果的に行えない状況に陥ることがあるからです。これは特にベンチャー企業で起こりやすい現象ですが、少人数の組織でなくとも起こり得ます。たとえば、課長、部長、事業部長、執行役員、取締役といった役職への昇進が早すぎると視点を養う時間を持てず、役職に相応しいパフォーマンスを発揮することができないこともしばしばです。こうなる要因は、少人数の組織では全体が見えて判断できる状況であっても、人数が増えると全体が見えなくなって不安を感じ、意思決定が遅れてしまうからです。

先ほど「サイモンは人が合理的な判断を行うためには範囲を限定する必要があり、その範囲を限定する措置が組織であるとしています」と述べましたが、組織体制を策定する際に、その組織ごとのリーダーがどの程度の守備範囲を担えるか、しっかりと見極める必要があります。そのうえで、組織図における各組織の役割を明確化し、その組織ごとに評価を行う仕組みを構築することが肝要です。

振り返ると、私もその見極めによく失敗しました。無謀な人事を行ってしまったと思うことも多々あり、その都度反省したものです。現在ではその経験から、幹部候補社員、幹部社員の育成プログラムを策定し、段階的に評価をしながら、人事を行っています。それでも、人間は感情の生き物ですから、想定どおりに運ばないこともあります。ですが、経営というものはその難しさを乗り越え、成果を生み出すことであると考えます。

## P・F・ドラッカー『マネジメント［エッセンシャル版］――基本と原則』からの示唆

ドラッカーは、「**意思決定とは、効果的な行動をもたらすために、ビジョン、エネルギー、資源を総動員すること**」だとし、「**効果的な意思決定とは行動と成果に対するコミット**」であると述べています。ここで重要なのは後者のほうです。

この2つ目を、ドラッカーは80年代の日本企業の経営を研究していく中で導き出しました。当時、アメリカ企業は決めるのは早いが実行は遅い、日本企業は決めるのは遅いが実行は早いといわれていました。これは、アメリカ企業ではトップマネジメントが決めて、トップマネジメントが決めたことを忠実に実行するのが部下の役割であり、組織の役割だったからです。ですから、アメリカ企業は意思決定が早いといわれているのです。しかしながら、実行は必ずしも早いわけではありません。なぜなら、トップが決めたことが実際に現場に浸透して本当にコミットメントしているわけではありませんし、上が決めたことだからといい逃れする人たちが出てきたりするからです。一方、日本企業は現場が決めて、それをミドルに上げて調整し、最終的にトップが意思決定します。これは、トップが意思決定した瞬間に現場がすぐ動くということですから、決めるのは遅いけれども、決めたら実行は早くなります。

ただ、アメリカ企業も賢いですから、日本企業から学んだことを応用してバランス・スコアカードのような現場をコミットさせるフレームワークを導入するようになりました。その結果、決めるのも実行も早くなったのです。逆に、日本企業は決めるのも、決めてから実行するのも遅くなったような気がします。

いずれにしろ、効果的な意思決定とは行動と成果に対するコミットです。つまり各部門の責任者が、自分たちの目標・成果に対してコミットしなければいけないということであり、コミットさせるように意思決定しなければいけないということです。

そこで、私は3つのことを決めました。1つ目は、「独断で決めない」ことです。というのも、創業時から10年ほどは興味のあることには口出しし、興味がないことは放置するといったことがあったからです。しかし、２０１６年頃から、権限移譲をそれまで以上に進めることにしました。たとえば、採用権限はそれまで取締役のみが有していましたが、当時の執行役員（実際には部課長クラスの役割でしたが）全員に持たせるといった具合です。これは、自分で面接して採用し、その人財を責任をもって育成する。そういったコミットメントを引き出すためです。売上げに関しても、それぞれの事業部の責任者が目標を決めていくというやり方にしました。

２つ目は「定量的なＫＰＩ」です。月ごとの経営会議や取締役会議で、各事業部の状況をＫＰＩを使って可視化し、それぞれの責任者に説明をしてもらうようにしました。これも、コミットメントを高めるためには必要なことです。

3つ目は効果的な意思決定のために、「MSOLのコアバリューを定めた」ことです。先ほど説明したサイモンの価値前提です。MSOLがMSOLらしくあるために、プロジェクトマネジメントをもっと浸透させたいという思いと価値観を大事にしたいと思い、そういう方向づけが必要だと考えたからです。コアバリューは、その後、社内で用いる主要な言葉一つひとつの定義書「MSOL憲章」につながりました。会社、部門、役職、制度、カルチャー、人財、コアバリュー、キャリア、人財評価の9つのワードです。これらのワードは一般的にもよく使用されますが、それゆえに使う人によって言葉の意味合いやニュアンスは違います。特に、キャリア入社の方々は過去の経験や考えによって、MSOLとは異なる意味合いで捉えているようでした。そこで、MSOLとして改めて定義したというわけです。

もちろん、個々の社員にとって、会社はお金を稼ぐための手段ですし、結果としてお金を稼ぐことができています。ですが、もし方向性がお金を稼ぐことだけだとしたら、おそらくいまのMSOLのような組織にはなっていない気がします。重要なのは、MSOLが社会にとってどういう存在価値があるのか、社会に何を貢献していくのか、それをしっかりと捉えているかどうか。それが、最終的にはそれぞれの意思決定にかかってくると考えます。

MSOL憲章（一部）

第1章　総　則

（目的）

第1条　目的

このMSOL憲章（以下「憲章」という。）は、株式会社マネジメントソリューションズおよびそのグループ会社（以下「会社」という。）の組織作りの哲学を定め、それを基に各種制度の基本方針を定め、社員および会社の永続的な成長を図ることを目的とする。

第2条　MSOL憲章の位置づけ

MSOL憲章は、MSOLグループのミッション・ビジョン達成のため、組織・人材の観点から、MSOLグループ全体の組織作りの原理・原則を示す。

## 第2章　会社の定義

第1条　会社は、社会の一部であり、社会的な課題を解決するための存在である。

第2条　会社は、ブランドである。社会的信用を獲得し、クライアントの期待に応え、信頼のネットワークを構築することで、国内外における知名度および永続的な取引の機会を作り上げるための存在である。

第3条　会社は、一人一人が自律的にキャリアを形成する場所であり、社内外から認められる市場価値のある人財が育つ場所である。そのため、会社は成長し、社員のための様々な機会を準備し、成長可能な環境を整える。

第4条　会社は社員との信頼関係の上に成り立つ。

## 第8章　コアバリューの定義

第1条　コアバリューは、社員の普遍的な行動指針である。

第2条　コアバリューは以下の7つである。

1. 常に謙虚であれ　Be humble-always.
2. プロフェッショナルの誇りを持て　Take pride in professionalism.
3. 体が資本と考えよ　Think of good health as capital.
4. 言葉に信念を持て　Be confident when speaking.
5. 失敗を恐れるな　Don't be afraid of failure.
6. まずは自分自身と捉え、変化を促せ　Know yourself to change yourself.
7. 未来志向の視点を持て　Be futuristic in your outlook.

## 第9章　キャリアの定義

第1条　キャリアビジョンとは、自分がなりたい姿であり、自律的キャリアを構築するために必要なものである。

第2条　自律的キャリアとは、自分自身の立てた規範に従い、自分の意志によって自分の人生を描き、実現していくことである。

第3条　社員は、会社のミッション・ビジョンや戦略と、自分のキャリアビジョンの重なりを探し、自分のキャリアビジョン実現のために、会社をどう使うか考える。

第4条　自らの長期的なキャリアビジョンを達成するために、ライフワークバランスを保つ。

## ハーバート・A・サイモン『経営行動』からの示唆3

会社の規模が大きくなると、組織にはヒエラルキーが必要となります。なぜなら、規模が大きくなるにつれて、取り扱う情報の量が増えるからです。日々の情報量だけではありません。環境変化とともに、情報の中身も変わっていきます。そうした情報を処理して、効果的・効率的に意思決定を行うには、やはりヒエラルキーが必要です。

ヒエラルキーができると、権限が問題になってきます。たまに「権限をください」などという人がいますが、権限は与えるものではありません。そういわれたときに思い出したのが、サイモンの『経営行動』に書かれていた権限についての重要なポイントです。それは、部下が上司の命令を受け入れる受容の範囲が権限の範囲であるということです。サイモンは「部下」と表現していますが、これは部下でなくても、他部門でも、プロジェクトでも何でもよく、たとえば「プロジェクト」に置き換えてみると、「権限とは、プロジェクトメンバーおよびステークホルダーの受容の範囲」となります。これは、プロジェクトにおける権限とは、プロジェクトマネジャーがいうこと、やっていることに対して、周りがどれだけ受容しているかという意味です。裏返せば、受容されていない人は権限を持てないということになります。そして、これはすごく重要です。というのも、ここから導き出されるのは、ＭＳＯＬのマネジャーや役員になるような人というのは現場でしっかりと結果を出し、みんなから信任されている人だということだからです。

ＭＳＯＬ内で「幹部」と呼ばれる役割があります。それは効果的・効率的な意思決定を行っていくための組織という意味です。そして、それはやはりヒエラルキーであるべきです。仮に、仲の良い友達を連れてきて役員にしたとしても、下の人間はついていきません。そうなれば、ヒエラルキーは機能しません。もし、現場のことがわかっていない、現場とうまくコミュニケーションが取れない状態だとしたら、会社が決めたことを実行しようとしても現場は動きません。ですから、そういう組織をつくっても、それはそれぞれに権限がないということになるので、効果的・効率的な意思決定を行うことは不可能です。

かつて、ＭＳＯＬにも権限のない人が存在しました。最初から権限がなかったわけではなく、結果的にそうなったという感じです。もちろん、どこまで受容されるかは多面的に見ていかないとわかりませんが、実際にパフォーマンスを出せないのであれば、部下から受容はされないでしょう。

ＭＳＯＬもそうですが、一般的に上に行けば行くほど厳しい状況になります。つまり、社長の立ち位置が最も厳しい。株主への説明責任がありますし、それに対して株主から苦言を呈されることもあるからです。「権限とは、部下の受容の範囲」というポイントから、これだけのことが見えてきます。

**「組織図に示されている権限のラインは、まさに特別の重要性を持つ。なぜなら、それは特定の決定について一致に達することが不可能とわかるとき、討議を終結させるために普通用いられ、頼られるからである。権限をこのように上訴的に使用するには、一般に制裁が有効でなければならないので、組織の中の公式な権限の構造は、通常、人々の命令、懲戒、そして免職に関係する」**。ここに書かれていることはアメリカ企業ではごく当たり前のことですが、日本企業はそこまで厳しくありません。このあたりは、サイモンの研究がアメリカ企業をベースにしているからでしょう。

続く「**これらの権限の公式なラインは、組織の日常の仕事における非公式な権限関係によって、通常は補足される**」は、日本的にいえば上司と飲みに行ったり、ゴルフに行ったりといった非公式なラインも重要だということです。「**一方で、公式のハイアラーキーは、主として論争を終結させるために用意されている**」は権限、たとえば役員とか、事業部長などの権限を使うということです。

再び、権限と責任についてです。「**権限が責任を強化するように用いられるとき、制裁はおそらくその過程において重要な役割を果たすであろう**」。これは、責任を果たすという意味についてですが、ここにもアメリカ企業と日本企業の違いが出ています。日本企業の場合、すぐに「じゃ、クビにしてください」といい出す人もいますが、責任を果たすというのはそういう問題ではありません。一方、アメリカ企業の場合、従業員は簡単にレイオフできますし、役員にいたっては結果を出さなければ1年経たずにクビになったりします。それが「制裁」です。しかしながら、このような文脈でも、制裁の重要性は強調されすぎるべきではないと、サイモンは述べています。要するに、脅して責任を持たせるようにするということではないという意味です。

また、こうも書いています。「**特定の制度的背景の範囲内で、議会の権限、資産所有の権限、父親の権威を受け入れる人は、おそらく制裁の恐怖よりも、社会的に植え付けられた倫理的概念によっては強く動機付けられている**」。サイモンがこの文脈でいう「**社会的に植え付けられた倫理的概念によっては強く動機付けられている**」とは、日本ならば恥の文化、アメリカならば法律やルールに従うというように、文化や社会的に植えつけられた倫理的概念のことです。そして、この文化や社会的に根付いている倫理的概念はとても重要です。

２０１３年、アメリカにグループ会社を設立したとき、人事コンサルタントとともにEmployment Handbookという40ページくらいのルールブックを作成したことがあります。社員規程のようなもので、たとえば自分の付き合っている彼氏・彼女が、自分の会社に入社した場合はどちらかが辞めなければいけないなど、非常に細かいことまで文書化しています。これは、明文化されていないことには従う必要がないと考える社会的背景があるためです。それがアメリカ社会では当然なのです。それに対して、日本は法律で禁じられているわけでも、明文化されているわけでもないのに、周囲に従うという文化があります。相手をおもんぱかる、相手に迷惑をかけたくないということなのでしょうが、行きすぎると、何の行動もできなくなりそうです。組織を構築するうえでは、この社会的に植えつけられた倫理的概念をベースに責任をどう感じさせるのかが重要となります。

ここまで、サイモンの『経営行動』から抜粋した文章をもとに、効果的・効率的に意思決定を行うにはヒエラルキーが必要なこと、それに伴う権限と責任の果たし方についての考え方、その考え方は社会に根ざした倫理的概念が重要であることを述べました。ＭＳＯＬは、これらの理論をベースに、コアバリューやＭＳＯＬ憲章などでＭＳＯＬがどのように考えているのか、どんな倫理的概念を持っているのかを明文化してきました。

責任についても、組織が組織として構築されていく中で醸成されていったように思います。

それは、たとえば同じ失敗は2回まではOKだけど3回目はない。1回失敗しても、自分はどうして失敗したのか、失敗を乗り越えてどう成長したいかが明確であれば、また次にチャレンジできるといった企業文化に昇華されてきました。そうしたことが結果的に、それぞれの責任感、責任の範囲を感じていくベースになっているのではないかと思います。

これらサイモンの経営理論をベースに、私はMSOL組織を定型化、明文化し、要求に達しない場合、指導しやすいメカニズムを構築してきました。それ以外で指導が必要な部分に関しては、組織カルチャーをベースとしたメカニズムを構築しています。

## 沼上幹『組織の〈重さ〉――日本的企業組織の再点検』『組織デザイン』からの示唆

次に沼上幹氏の『組織の〈重さ〉――日本的企業組織の再点検』から見ていきましょう。同書は、なぜ日本企業が機能不全を起こしているかを解き明かした本です。日本企業は、昔から現場主義といわれています。現場から上がってきた情報をしっかりと踏まえながら、ミドルマネジャーの相互作用を通じて実現される創発戦略によって高度経済成長を成し遂げたからです。同書はその創発戦略という強みが機能不全に陥っているとして、機能不全を引き起こす組織構造や組織特性を明らかにしようとしています。沼上氏は、創発戦略の創出と実行を妨げる相互作用プロセス・組織内調整の難しさを「**組織の重さ**」と定義、それを促進する要因を抽出しています。それは、花王など18社の107事業単位を対象に大規模質問票調査を実施し、統計分析するという大がかりなものです。

同書が出版されたのが2007年ですから、沼上氏が研究していたのはおそらく90年代から2000年あたりではないでしょうか。日本の経営学者が大規模な調査をもとに分析した本はなかなかありませんから、そういう意味では面白いと思います。ただ、最近では日本企業も大幅なリストラクチャリングをしているので、この調査からはかなり変わってきたのではないかと思います。

『組織デザイン』は、組織をどのようにデザインするかを論じた本です。沼上氏は、「**軍事組織であろうと、企業組織であろうと、組織と呼ばれるものの特徴は、基本的に分業と調整の二つである**」と述べています。ここでいう「分業」とは「**役割が分けられ、それぞれの役割を分けることで、たとえば専門性を発揮させるなど、何らかのメリットを追求している**」、「調整」とは「**分業の一部ずつを担っている人々の活動が、時間的・空間的に調整され、多数の人々の活動が、あたかも一つの全体であるかのように連動して動くようになっている（あるいは、そうなると努力している）**」ことで、組織形態の基本形は、「**分業と調整の原理原則にもとづく修正**」と論じました。

たとえば、人事労務関係ならば人事部で、社内のシステム関連ならば情報システム部、新規に案件を獲得するのは営業部がやる。これは分業です。しかし、そうやって役割を明確にして分業していても、横のつながり、あるいは調整する人がいなければ仕事は進みません。このように、組織には自然に調整機能が必要になります。あるいは、ＰＭＯのように明示的につくっていく必要があります。なぜならば、ＰＭＯは調整役でもあるからです。

沼上氏は、組織デザインについて次のように述べています。「**極めて多様なトレードオフ関係の中で、現実的なバランスをとっていく作業である。短期の効率を追求すれば、長期の蓄積が阻害される。第一線の人々の主体性を大切にすると、組織がバラバラな動きになることもある。各人の専門性を高めようとすれば、調整が困難になる等など、多数のトレードオフ関係がある。しかも、ステップを追っていくにつれて、単にトレードオフ関係にあるのではなく、長期的には相矛盾する関係にある問題も多数存在する**」。この部分は、ベンチャー企業から脱皮していくうえでの組織拡大上の課題と一致します。

ＭＳＯＬにおける「分業と調整のトレードオフ」は、営業組織およびプロセスに関してでした。第1章で説明したように、ＭＳＯＬではアカウントマネジャーという肩書で、現場のマネジャーが現場でクライアントサービスを提供しながら営業していました。この形態は上場後もしばらく続き、営業機能を分けはじめたのは２０２１年になってからです。それだけでなく、アカウントマネジャーは採用面接も社員の評価も担っていましたから、さながら大工の親方のような立場でした。

なぜ、営業と現場の両方を担っていたかといえば、ＰＭＯとして現場に入っていると、携わっている現プロジェクトに限らず、他のプロジェクトの状況を知る機会も多く、そこにニーズを見出すことがしばしばあるからです。このような引き合い情報を得やすい点に加え、お客様も頼みやすいという側面があり、営業的には効率が良かったのです。加えて、採用や評価にも関わっていることから社員についても詳しく理解しており、対応もしやすいという点が大きかったということもあります。

これは、採用、教育、営業、プロジェクトアサイメント（プロジェクトへの参画のこと）、評価という一連のプロセスにおける調整機能として考えたときには効率的かつ効果的であり、少数精鋭の組織だから成り立つ手法だといえるでしょう。しかし、組織規模が５００人を超えてきたあたりから綻びが見えはじめました。そこで、営業機能の分化を決めたのです。先ほど、沼上氏の「**短期の効率を追求すれば、長期の蓄積が阻害される。第一線の人々の主体性を大切にすると、組織がバラバラな動きになることもある**」と紹介したように、まさに短期的にはアカウントマネジャー主体の組織体制でよかったものの、5年、10年といった長期の視点で考えた場合、組織がバラバラになるリスクがあります。そのリスクを考慮した結果、現場からの抵抗がありましたが、営業組織の構築を決断しました。結果として営業組織も機能しはじめ、現在では分業体制が定着してきています。「**軍事組織であろうと、企業組織であろうと、組織と呼ばれるものの特徴は、基本的に分業と調整の二つである**」と先に引用しましたが、いずれは分業を見直したり調整機能もまた必要になる時が来るでしょう。組織というものは、常に行ったり来たりしながら成長するものと考えています。

## チェスター・I・バーナード『新訳 経営者の役割』からの示唆

組織理論の最後は、組織論の大家と呼ばれるチェスター・I・バーナードです。先に触れたように、バーナードは組織の3要素として「共通目的」「協働意欲」「コミュニケーション」を挙げ、この3つのうちどれかひとつでも欠けると、組織として機能しないと主張しました。これは当たり前といえば当たり前のことです。たとえば、「協働意欲」は一緒に働くモチベーションということですが、従業員が集まってもやる気をなくしてしまったら、組織として機能しないからです。

この組織の3要素は、ありとあらゆる場面で使うことができます。たとえば、家族という組織を考えてみた場合、

「共通目的」：幸せな家庭環境をつくる
「協働意欲」：お父さんは仕事で稼ぎ、お母さんは子育てと家事、子供はお手伝い
「コミュニケーション」：朝食と夕食は家族団欒

であれば、組織として成り立っていると思います（昭和な家族という感じですが）。しかし、

「共通目的」：幸せな家庭環境をつくる
「協働意欲」：お父さんは仕事をせずに無職で家事もしない、お母さんは仕事と家事、子供は手伝いもせずゲームばかり
「コミュニケーション」：朝食と夕食は家族バラバラ

であれば家庭崩壊という感じで、組織として成り立っていません。そして、これが会社組織であれば、

「共通目的」：売上げ・利益を増大

「協働意欲」：営業成績が高ければ、ボーナス1億円を目指せるため死に物狂いで働く
「コミュニケーション」：毎朝営業会議、上司からの厳しい指示

これが良いかどうかは別にして、組織としてはしっかり成り立っています。最後に、ブラックなのかホワイトなのかよくわからない企業組織の例を挙げましょう。

「共通目的」：売上げ・利益を増大
「協働意欲」：経営者の給与は高額なので意欲は高いが、現場社員の昇給率は低いので意欲も低い
「コミュニケーション」：在宅勤務が多く、コミュニケーションも薄い

最近では、こういう組織も多いような気がします。オフィス回帰の動きが強まってきたのも「コミュニケーション」のためであり、組織構築のためであると思います。
プロジェクトという組織単位でも、3要素のどれかが欠け、そもそも組織として成り立っていないということはよくあります。たとえば、現行システムのリプレイスプロジェクトで仕様は現行どおりといいながら、現場からの要求で新しい業務を追加することになり、目的

が変わってしまう。複数の会社の共同プロジェクトが、各社の方針変更によってプロジェクトが迷走してしまう。日本語ができるかできないかといった語学の問題でなく、人間関係上の問題から生まれるコミュニケーションの欠如によって相互理解ができない。3つの要素が欠けてしまうというのは、本当によくあるのです。

実は、このコミュニケーションの部分が、PMOで支援している部分でもあります。現場を可視化する管理プロセスを導入する、その情報を提供する、KPIとして落とし込んで可視化し、ステークホルダーの理解を促す、こうした手法もコミュニケーション手段です。また、コミュニケーションは非常に時間のかかるものですし、手段もいろいろとあります。ですから、適切な手段を選ぶことはとても重要です。手段だけではありません。リーダーが組織に対してしっかりとコミュニケーションを取ることも大切です。私は、経営者の仕事の大半はコミュニケーションに費やしているのではないかと思っています。

なお、組織として成り立っていない場合、そもそもマネジメントすること自体が困難になります。ですので、マネジメントを改善する際には、まず組織の3要素をしっかりとチェックし、組織として成り立っているかどうかを把握することが肝要です。

最後に、サイモンが理解できないといっていたバーナードの非論理的決定過程を補足します。正確にこの文章というわけではありませんが、『新訳 経営者の役割』でバーナードは次のように述べています。「経営者は、いうなれば科学者とは対照的に、秩序だった合理的分析に基礎づけられて決定を行うような余裕がないことがしばしばであり、決定することが必要な状況に対する直観的もしくは判断的な反応に大いに依存している」。これは、直観が大事だということです。実は意外と思われる方もいらっしゃると思いますが、「直観に従う」ことは多くの経営者がやっていることです。

その直観をバーナードは、「**これら非論理的過程の源泉は、生理的な条件や要因、もしくは物的および社会的環境に由来し、大抵、無意識的に、すなわちわれわれの側で意識的な努力をしなくとも、われわれの心に植えつけられる。それらはまた、多くの事実、パターン、概念、技術、抽象概念並びにいわゆる公式的知識や信念などからも構成され、多かれ少なかれ意識的な努力と学習によってわれわれの心に刻み込まれる。この二番目の非論理的な心理過程の源泉は、統制された経験、学習、および教育に寄って著しく増大する**」と表現しています。簡単にいえば、経営者の思いや経験、考え、価値観といった人格的な部分が、この非論理的決定過程を生み出しているということです。

この非論理的決定過程は、経営理論の中でもいろいろな研究がされています。それは、経営はある種アートの部分があるからであり、そこが非常に重要だとされているからです。

近年、経営とアートというテーマでさまざまな取り組みが行われていますが、ＭＳＯＬも社員の感性を磨くための教育につながると考え、オフィスに30点ほどの抽象画を展示しています。絵画は購入したものではなく、MSOLの創業時からしばらく顧問としてご活躍いただき、現在は社内研修でもお世話になっているプロジェクトプロの峯本展夫氏からお借りしているものです。抽象画を眺めることで、感性を磨き、見る目を養うことができると考えています。

## MSOLの組織と組織カルチャー

### 組織の構築に必要な組織カルチャー

前節は、組織をつくるうえで参考とした理論を紹介しました。本節では、私がMSOLの組織と組織カルチャーをどのようにしてつくってきたのかを説明します。

まず、前述したように、新卒で入った会社がアクセンチュアだったこともあり、私の原点はアクセンチュアにあります。まず、とある大手SI会社とアクセンチュアの違いを見ていくことにします。皆さんご存知のように、１９９０年代後半から２０００年代前半はインターネットの普及によって企業組織内におけるＩＴ化が進み、いわゆるＳＩ会社が大きく成長、業界の規模が拡大しました。しかし、その大手ＳＩ会社はいまひとつ成長できていませんでした。

それでは、そのＳＩ会社のどこがアクセンチュアと違っていたのか。そのＳＩ会社も、新卒の研修ではコンピュータを理解するためにどのような仕組みになっているかを体験させるなどしっかりと研修を行っていたようですし、ＯＪＴもきちんとされていました。ただし、当時は創業10年程度と若い会社だったので、ナレッジの仕組みはそれほど充実していなかったようですし、仕事の進め方もカリスマ創業者がトップ営業で取ってきた案件をこなすだけといった感じでした。それに対して、アクセンチュアには豊富なナレッジが蓄積され、現場を司るパートナーが仕事を取ってきて、それにコミットしていました。

表面的にはそうした違いが見えますが、両社には決定的な違いがあるように、私には思えます。それは組織カルチャーです。創業社長がつくる組織として典型なのは、創業社長のキャラクターでカルチャーができ上がることです。創業社長を神様とし、神様に信仰するための組織になってしまうのです。見渡してみると、そういう創業社長の会社は結構あります。もちろん、ソフトバンクやユニクロのようにカリスマ経営者が大きく成長させたという会社もあります。

しかしながら、ＢtoＢのプロフェッショナルサービス会社において、カリスマ経営者が永続的に企業を成長させたという事例は聞いたことがありません。逆に、マッキンゼーやボストンコンサルティングといった日本に進出している外資系コンサルタント会社のように、知名度は高いにもかかわらず、アメリカにおける創業者の名前はあまり知られていないことのほうが多いような気がします。これは、プロフェッショナルサービス会社においては組織をつくっていくうえで、創業社長が引っ張っていくのには限界があるということだと考えています。また、プロフェッショナルサービス会社の場合、それぞれが自立したプロフェッショナルである個人だということも大きいでしょう。その彼らが、どうやってひとつの組織で仕事をしていこうと思うのか。もちろん給料はあるでしょうが、それ以外に何を期待して、何を良い価値として感じて会社に帰属し続けるのか。それはやはり組織カルチャーなのです。

## アクセンチュアのカルチャーが学びの原体験

冒頭で述べたように、私の学びの原体験はアクセンチュアでした。第１章で軽く触れましたが、アクセンチュアは世界中で新卒を採用して、シカゴの研修センターに新卒を集めて約１か月の研修を行っています。講堂のようなところでアクセンチュアのカルチャーを紹介するさまざまな映像を見たり、ミッションやコアバリューについてのプレゼンがあったりと、研修の内容はスキルや知識習得というよりも、カルチャー教育ばかりやっていたような気がします。かつての女子大を買い取ったという敷地は広く、サッカーコートやテニスコートなどもありました。さらには、建物の裏側に流れる川ではカヌー遊びもできました。レストランやバーもあり、毎晩のように飲んだものです。同じ釜の飯を食べて仲良くなる。それがアクセンチュアのカルチャーづくりなのですが、このようにして組織カルチャーの醸成を行ったことが同社の強みなのでしょう。そういう原体験もあり、本当に組織はしっかりとつくらないといけない。カルチャーをつくらないといけない。創業して3年ほど経ってからは、そう考えるようになりました。

では、どのような組織がいいのか。自分についてこいとか、私のためにがんばれとか、個人的な性格とはまったく異なるため、そのようなことは口が割けてもいいません。ただ、それぞれがそれぞれの幸せのためにがんばってほしいとは思っていましたし、いまもそう思っています。みんながいきいきと働けるような組織カルチャーを築ければ、それがプロジェクトにおける現場の提供するデリバリーの価値となり、ミッション、ビジョンを達成する力になる。組織カルチャーというのは土壌のようなものだと、そう思って描いたのが次ページの図表2－1です。こう考えるようになったのも、アクセンチュアやＳＩ会社といったＢｔｏ

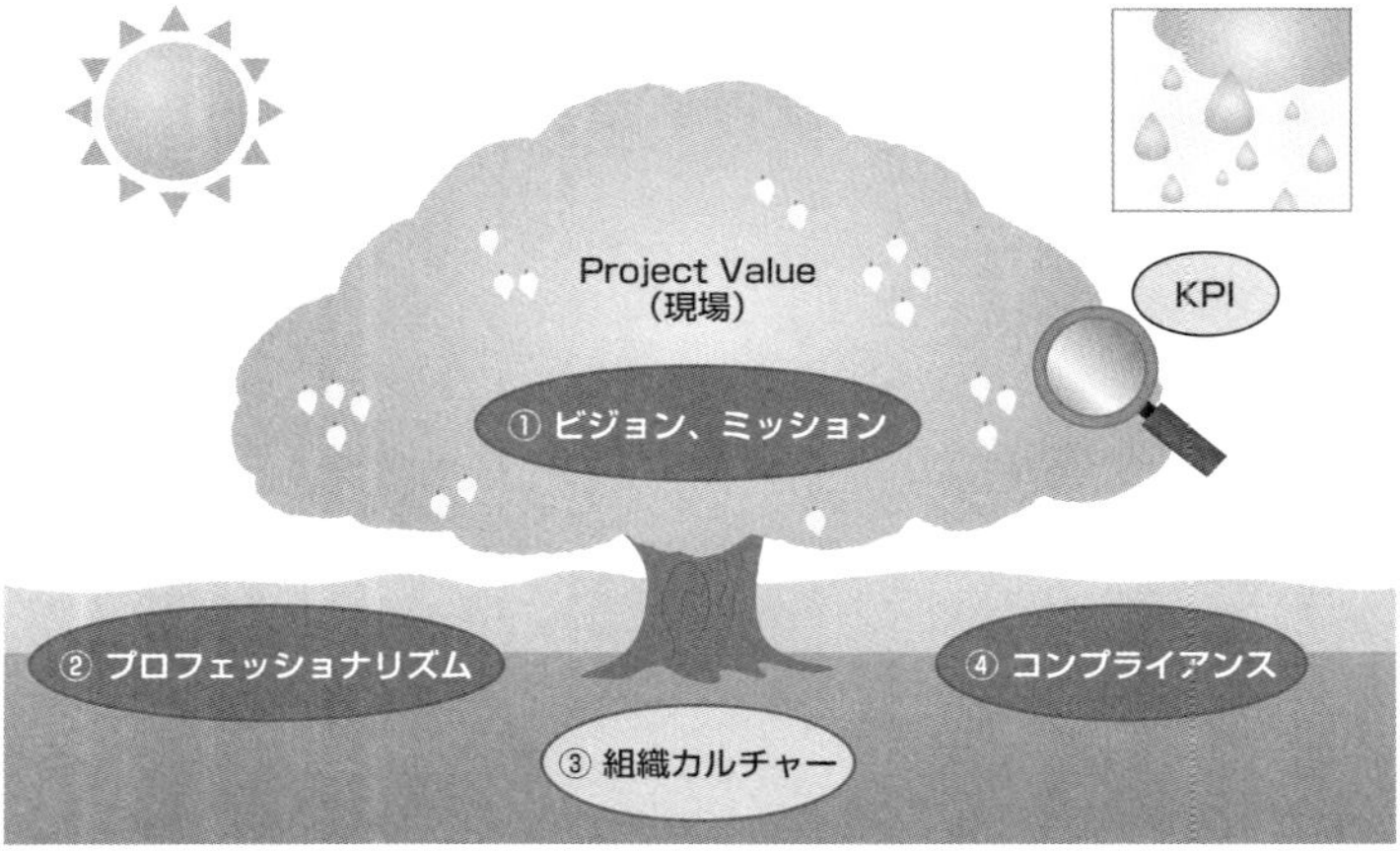


▶図表2-1　組織カルチャーは土壌

Bのプロフェッショナルサービス会社のカルチャーの違いを見てきたからだと思います。

ドラッカーも「企業文化は戦略に勝る」といっています。創業3年目からカルチャーとは何か考えるようになり、当時の役員、社員ともいろいろと話し合いましたが、漠然としたイメージしか湧きませんでした。そこで、アクセンチュアのときのように、まずは言葉をつくることにしました。それがミッション、ビジョンの次にくるコアバリューです。

2009年のことです。当時のコアバリューは「飽くなき向上心」とか、「知行合一のプロ根性」といった行動規範みたいな言葉が多かったように思います。もちろん、「素直な心」などのように、現在のコアバリューに近しいものもあります。

また、組織も「意思決定する組織（Decision Making Organization）」「現場でプロジェクトのデリバリーをする組織（Value Management Organization）」「意図的にカルチャーをつくる組織（C Cube Organization）」の3つに分けました。組織論を学び、意思決定をしていくことを考えたときに、意思決定をしていくための組織はヒエラルキーをつくる必要があり、カルチャーとかコンプライアンスとか、そういうものを生み出す組織体というのは構造的に3つあるのではないかと考えたからです。

## 当時考えた3つの組織構造

- **意思決定する組織**：会社予算、人事に責任を持つ組織で企業全体のブランドづくりを担う。アカウントマネジャーは執行役員で、新規顧客開拓、クライアントごとの売上げ責任を持ち、単価や契約条件の判断を行う
- **現場でプロジェクトのデリバリーをする組織**：クライアントに直結した組織。企業価値を最大化させ、収益を高めることがミッション。プロジェクトバリューマネジャーがプロジェクトの責任者となり、収益管理をする。プロジェクトバリューマネジャーを設置することで経営の意識を高め、ミドルマネジメントの強化を図る
- **意図的にカルチャーをつくる組織**：キャリアのロールモデルとなる人財を見つけることも

目的のひとつ。また、セーフティネット的な役割もある

## 意思決定する組織

私の仕事の経験の多くは、外資系コンサルタント会社で培われてきたものです。アクセンチュアもアーンスト・アンド・ヤングコンサルティングも意思決定は経営陣が行うものであり、現場はその決定に従う上意下達の組織です。トップが決めたことは絶対で、それに逆らうことは許されません。たとえば、アクセンチュアに在籍していたとき、当時のヘッドクオーターが売上げ1億円未満のプロジェクトは受注してはならないと決めたことがありました。そのとき、私は先輩と一緒に2000万円の案件を担当していましたが、それも継続は不可と通達されたのです。当時は若かったこともあり、先輩に食いつきましたが、結局はもう決まったことだからと、決定に従わざるを得ませんでした。アーンスト・アンド・ヤングコンサルティングは、それこそ会社の売却でしたから反論もできません。

この経験から、経営的な判断または戦略的な判断はトップダウンであるべきであり、組織をつくるうえでは経営的な判断と現場とは分けるべきだと考えました。なぜなら、現場の人間はどうしても目の前のお客様、目の前のプロジェクト、目の前の仲間を大事にするからです。そういう短視眼的なことにとらわれてしまいがちな状況では、とても中長期的な経営判

断はできないでしょう。そう考えれば、最終的な意思決定はトップダウンであるべきといえます。

実は、これも実体験から得た教訓です。当時、請け負っていたプロジェクトにすごく残業の多い案件があったのですが、あまりにも残業が多すぎたことからお断りしたことがあります。ＭＳＯＬのＰＭＯには納品責任はありません。基本的に時間に対して売上げを請求しますから、このときも残業時間分の請求をしていたため、案件としては十分な利益を出していました。現場のアカウントマネジャーからすれば「もったいない」と思ったはずです。しかし、現場の社員はみんな疲弊していますし、覇気もありません。プロジェクトによっては佳境を乗り越えることで、プロジェクトが成功していくという気持ちからいきいきと長時間働いてる人間もいますが、明らかにそれとは違います。ですから、会社としての判断として撤退することにしたのです。

お客様をお断りする。この意思決定は、私が当時ワンマン社長だからできたことです。しかし、会社が大きくなれば、そうもいきません。むしろ、プロジェクトやお客様の話は現場が決めることで、経営陣が決めることではないとするケースもあります。そうなると、いったい誰が意思決定をするのでしょうか。日本企業は、この点が曖昧になりがちです。それは、意思決定をする人たち、または意思決定する組織が誰なのかを明確に決めていないからです。

それに対して外資系コンサルタント会社、特にアメリカ企業は上の立場に立ったら権限を持って決める、現場がどういおうと、それは会社の意思決定だというのが明確にあります。ですから、戦略的な決定だという組織構造を意図的につくり出していかなければいけないと考えました。

## 現場でプロジェクトのデリバリーをする組織

「現場でプロジェクトのデリバリーをする組織」、これはプロフェッショナルサービス会社においては当たり前といえば当たり前です。一般的には、顧客ごと、プロジェクトごと、業界別あるいはソリューション別に組織をつくったりしますが、ＭＳＯＬではソリューションカットとインダストリーカットで、縦と横のマトリクス組織をつくったこともあります。ただ当時は、お客様も社員もそれほど多くなかったので、あまり細分化はしませんでした。

一方で、人の採用と教育、評価、そして品質に責任を持ってお客様の満足度を上げていくことは徹底しました。そのため、プロジェクトごとの顧客からの評価も、社員の成長も、現場の責任として評価対象としました。これらは、意思決定する組織の役割とはまったく違います。このような理由で、意思決定する組織と現場でプロジェクトのデリバリーをする組織とを分けたのです。

## 意図的にカルチャーをつくる組織

戦略的組織構造の大きな特徴は「意図的にカルチャーをつくる組織」をつくったことですが、これこそがアクセンチュアで学んだことです。前述したように、アクセンチュアはワールドワイドで「アクセンチュアという会社とは」「アクセンチュアのカルチャーとは」を、新卒1年目の最初の1、2か月の研修から徹底的に刷り込みます。宗教かと思うくらい、ミッション、ビジョンを何回も繰り返し聞かされるのですが、これはアメリカが移民の国だからです。アメリカという同じ国に住んでいても、住んでいる地域ごとにカルチャーも人種も価値観も教育のされ方も違う。小学校の頃から、軍隊のように教育されてきた日本人とはまったく違います。

たとえば、会議が終わった後にホワイトボードのイレイザーとペンを片づけたら評価されるという、些細な取り組みにもカルチャーの違いが見られます。この件について、アメリカ人のプロジェクトマネジャーは「自分たちはトヨタのカイゼンを学んで、片づけをした人を評価している」と自慢していました。ペンを片づけなかったとしてもルール違反ではないですから、評価対象でなければ、誰も片づけをしないからです。でも日本人ならば、片づけは普通のことです。日本の歴史に根ざしたカルチャーの中で自然に、あるいは学校教育で協力し合うことを学んでいるからです。

カルチャーは、ルールでも法律でもありません。あくまで、お互いが気持ちよく働くための不文律みたいなものです。だからこそ、個の生き方を尊重する社会の中で組織をつくっていくには、意図的にカルチャーをつくることが重要となります。そして、それが冒頭で述べた「信じる力を持つこと」につながります。

これに関してサイモンは、『経営行動』で「**権限が責任を強化するように用いられるとき、制裁はおそらくその過程において重要な役割を果たすであろう**」「**社会的に植えつけられた倫理的概念によっては強く動機づけられている**」と述べています。人を管理する際に何か罰を与えるということは、それがその社会の価値観に従っていないことの証左であり、それによって周囲から蔑まれるという自尊心を傷つけるような恐怖心を埋め込むことになるからです。ドラッカーも「企業文化は戦略に勝る」と表現していますが、組織に一定の規律を浸透させるためのカルチャーづくりはとても重要だと思っています。

アクセンチュアではカルチャーの浸透にミッション、ビジョン、バリューを用いましたが、日本企業も同じようなことをしています。ユニクロでは、毎日、開店前に柳井正氏の言葉をみんなで誦えているそうですし、京セラの教育もそうです。故・稲盛和夫氏は、「宗教でいいんだ。そういう組織でいいんだ」と語っていたそうです。それは、カルチャーとはそういうものだからです。カルチャーになじむということは結局、その会社が好きかどうかであると考えています。

## MSOLのカルチャーとは

それでは、MSOLはどういうカルチャーであればいいのか、考えに考え抜きました。とはいえ、私は基本的にいわれて何かをするのは大嫌いですし、宗教的な洗脳教育も嫌いです。そこで、「嫌いなことはやらない」ということだけを決めて、あとはみんなでつくっていくことにしました。

「意図的にカルチャーをつくる組織（C Cube Organization）」をつくり、カルチャー推進室を設置して、MSOLらしさを浸透させるためにどういうことが必要かを真面目に話し合いました。もちろん、最初は言葉になりません。でも、明文化しなければ理解されませんから、とにかく言葉にして、泥臭くカルチャーを形成していきました。

その過程では、いろいろな言葉が生まれました。たとえば、「みんな違うのだから、同じだと考えるな」「日本語を話しているけれども、お互いに本当に理解できているとは思うな」「MSOLという会社をつくり上げていくうえで、お互いのコミュニケーションは意識的に考えてやっていかなければいけない」。創業以来、私はずっとこんなことをいい続けてきました。

なぜなら、言葉ひとつ取っても、実は理解しているようで理解していないことが多いからです。たとえば、キャリア入社された方が違和感を持つ言葉のひとつに「評価」があります。「今度、評価があるから」というと、ひどくネガティブに捉える方もいます。MSOLの場合は自己成長の場でもあり、次のプロモーションのための自分をアピールする場でもあり、会社全体としては、社員の品質評価となりますが、キャリア入社の人はまったく違う意味合いで捉えることが多くありました。そういう一つひとつの言葉をお互い十分理解をしていなければ、本当の意味で会話はかみ合いません。そこで、1年ぐらいかけて議論してMSOL憲章をつくり上げました。

「意図的にカルチャーをつくる組織」を考案してから約15年。自画自賛になりますが、私としては大成功したと思っています。その証左となるのが新卒の定着率です。新卒の採用は2012年からスタートし、約11年で200人以上採用しましたが、退職率は15％程度です。新卒の定着率が高いということは、彼らにMSOLのカルチャーが受け入れられたということです。若い人たちがいきいきと活躍できて、この会社に居続けてがんばっていこうと思われていることであり、カルチャーをうまくつくれたということの証しでもある。私はそう思っています。

## 組織カルチャーを醸成するための施策

コアバリューをつくり、意図的にカルチャーをつくる組織をつくれば、あとは組織カルチャーを醸成するための具体的な施策を実行するのみです。全社会議（MSOL United）、家族を呼んでのクリスマスパーティー、合宿研修、MSOL Historyの共有、クラブ活動や社内勉強会の支援など、何が効果的なのかわからなかったので、とにかくいろいろなイベントを実施しました。社内報も単につくるだけでなく、以前は紙で郵送していた給与明細を送るときに同封したりしました。そうすると、家族の方にも読んでいただけたようなので、それなりの効果があったといえそうです。

ここでは代表的なものを紹介しましょう。最初は家族を呼んでのクリスマスパーティーで、２００７年12月から実施しています。クリスマスパーティーはアクセンチュアでも開催しており、妻同伴で参加したところ、ものすごく楽しめたので始めました。コンサルティング会社のようにＢｔｏＢの仕事をしていると、家族に会社を紹介する機会はなかなかありません。どんな仕事をしているのかを家族に知ってもらうというのは大切なことです。

全社会議のMSOL Unitedも、２００７年から年に4回実施しています。会議というよりも、ＭＳＯＬの現在と方向性の受発信、そして社員間の横のつながりを高めることが目的のイベントです。現場に出てしまうと、どうしても会社のことを考える時間もなければ、会社のことを知る時間もありません。なかなか意識を会社に向かわせられませんから、会社とのつながりの場として継続して開催しています。ちなみにMSOL Unitedという名称は、ソニーが改革する際にソニーユナイテッドという会議体を起こしたというのを記事で読み、それをマネしたものです。

２００９年には、採用した人を対象にした合宿研修を行いました。採用した人のＰＭＯのスキルレベルにばらつきがあったことから、スキルレベルの平準化が必要だったこともありますが、当時はとりあえずやろうみたいなノリでした。このときに使った基本的な研修マテリアルは私がつくっています。過去の経験をベースにケーススタディを作成しましたが、個別プロジェクトのケースだけではなく、全社的ＰＭＯのケーススタディも作成しました。現在でいうところの、ＥＰＭＯ（Enterprise Project Management Office）の原型のようなものです。実際には研修兼懇親会みたいなもので、研修が終わったら徹夜で飲んで、翌日は寝不足で発表してという感じでした。

合宿研修は2年実施し、その後は全社員参加の合宿に変更して２０１７年頃まで続けました。外部の研修業者を入れ、新卒入社組や若手のキャリア入社組がアジェンダづくりや運営をして、ウルトラクイズやスピード玉入れなどの競技をしたり、10年後のＭＳＯＬのＣＭをみんなで協力して制作するといった運動会みたいなイベントです。これは、社員のエンゲージメントを高めるのにかなり効果的でした。このように社員が主体的に活動する、特に新卒が実行するというのは、カルチャーづくりにつながります。ライターさんの力も借りながら「MSOL History」を書きはじめたのも2012年のことです。創業からの歴史を記録として残すために始めたことですが、MSOLの歴史を知ってもらい、カルチャーを理解してもらい、共感してもらうためにいまも役立っています。

社員が数十人の頃、歴史もなく、まだ組織のカルチャーもなかった頃はみんなで分かち合って、お互いを理解して、お互いを信じ合うことが必要でした。そういうことがすごく重要な時期でした。そのカルチャーづくりに変化が見えはじめたのは、2015〜16年頃でしょうか。社員数100人の壁とよくいいますが、会社が大きく成長してくると、将来こうなるという自信はできたものの、人と人のつながりは弱くなります。みんなで分かち合い、お互いを信じ合うというカルチャーを知らず、社歴によってもコミュニケーションギャップが起きてくる。特にキャリア入社組はMSOLの歴史を知りませんから、そういったギャップを埋めていくために、カルチャーのつくり方もだんだん変わってきたように思います。代表的なのが全社合宿です。みんなの意識を醸成し、気持ちを分かち合い、お互いを知るという人間的なつながりを重視した合宿から、だんだん機能的な研修のほうにシフトしていきました。

そこには、社員が数百人となって全社で行うのが難しくなり、コロナ前は各部門単位で行っていたということもあります。

２０１８年頃には、カルチャーづくりのひとつとしてつくったコアバリュー浸透のための活動も始まりました。新卒が「コアバリューが大事だ」といい出したからです。こうした活動も、会社からいわれたからやるのではなく、自分事として取り組むようになることが重要です。その意識を醸成するうえでも、自律的キャリア形成を目指すことは大切なことです。自分が何をどうしたいかを自ら選択し、つかみ取ること。会社はその通過点であることを意識して自律的にキャリア形成していく。そういう考え方が大切です。一方で、社員も１０００人を超えれば、違うカルチャーの社員も増えます。それは、これからの経営陣にとって継続的な経営課題でしょう。

組織カルチャーは、ＭＳＯＬにとっていちばん重要かつＭＳＯＬの組織のユニークさを生み出すものです。その組織カルチャーをつくり上げるには、ここまで紹介してきたようなカルチャー推進活動に終わりはありません。今後もさまざまなイベントを増やし、カルチャーをどんどん全面に出しつつ、ＭＳＯＬのあり方をしっかり示していきたいと思っています。

## 組織を成長させるための人財育成

前節で、ＭＳＯＬの組織のユニークさを生み出しているのは組織カルチャーであると説明しましたが、組織を成長させていくうえでは人財育成も欠かせません。それは、人財育成が組織と戦略、組織とプロセス、組織とＩＴをつなげるものだからです。そのため、ＭＳＯＬではＰＭＯの育成をシステム化し、仕組みで人を育てています。

## MSOLの育成プログラム

教育そのものにも投資をしています。研修プログラムは、ほとんどが創業の頃からのノウハウを言語化したものを自社で制作していますし、講師も実際に現場に出ているマネジャーやディレクターです。ＭＳＯＬのこの育成プログラムは他社が簡単にマネできるものではありませんが、ＯＪＴでやっていることや自社のナレッジを言語化し、研修プログラムとして活用することはできます。

一般的に、人財育成は経営トップが意識的に取り組まない限り、現場は動きません。理由は2つあります。ひとつはすぐに効果が得られないこと、もうひとつは現場としては研修を受けさせるよりも、現場の仕事を優先させたいからです。そのため、経営の意思をしっかり伝えていかない限り、現場は積極的に研修を受けようと思わないのです。

一方で、人事部門が現場のことをわからずに研修プログラムをつくっているケースもあります。予算があるから、あるいはいまの世の中のトレンドだからとプログラムをつくるものの、現場が求めている知識・スキルではないということも少なくありません。そのような現場のニーズに合っていない研修プログラムでは、誰だって受講しようという気にはなれないでしょう。これも、研修予算を持つ人事部門と研修予算をあまり持たない事業部門が乖離しているからだと思います。

## 育成のためのマインドセット

教える側のマインドセットは、いわゆる先生タイプの人です。教えたがる人といえばいいでしょうか。実は、コンサルタント会社やプロフェッショナルサービス会社には、この教えたがる人が比較的多いようです。クライアントサービスを生業としている以上、自分の持っているものと知識を人に伝えたいという欲求を持っているからなのでしょう。ＭＳＯＬの場合も、20代の若手でも講師をやりたいと自発的に手を挙げてきます。教えることに対して違和感がない、そういうカルチャーということです。

一方、教わる側としては、お客様相手にプロフェッショナルサービスを提供している以上、常に自己研鑽が必要となります。自己研鑽をすることで、お客様に質の高いサービスを提供することができ、そこで良い評価を得て、結果的に給料が上がる。自発的なモチベーションにつながることもあり、そこは理解しているようです。

ただ、中には自ら研修を受ける時間をつくらない社員もいます。そういう人に刺さるのはやはり評価です。年次評価で足りない部分、たとえば知識やスキルが足らないのであれば、評価の際に研修を受けるべきだと促します。また全体の会社の評価を通じて、たとえばあるレイヤーに不足している知識やスキルがあるならば、そこを集中的に補うトレーニングプログラムをつくったりもしています。これは、評価と育成は表裏一体だという考えからです。

第3章「プロセス」で詳しく説明しますが、MSOLの研修プログラムの多くは現場で生み出されたコンテンツをベースに言語化したものです。創業当初は、私がExcel、PowerPoint、Wordの操作の仕方のマニュアルをつくったり、合宿研修のケーススタディをつくったりしていましたが、それが当たり前のように社内展開されていきました。

いまだからいえることですが、社員の育成は、社員が30人くらいの頃から準備すべきです。

特にベンチャー企業は、知識やスキル、カルチャーの醸成を最初から意識すべきだと考えます。

## 経営と現場

本書をお読みいただだいている読者の中には、現場から取締役に昇格したり、これから取締役となってより高いところで仕事をしていくという方もいることでしょう。そういう現場から経営者の立場になったときに必要となるのは視点の変更です。要するに、組織をどのように俯瞰して見ていくかということです。

創業経営者という私の立場からすると、ＭＳＯＬという組織はかなり自律的に動いているように見えます。それは、私自身がオペレーションにほとんど関わっていないこと、そして執行役員が中心となって組織をマネジメントしているからです。この組織をつくり上げることができたのも、現場から昇格して執行役員になった人やその直前にいる本部長・部長クラスががんばってくれたからです。つまり、彼らの心構えが重要になるのです。

そこで、本章の最後に、私の考えるＣＥＯの役割と行動について紹介します。人財育成が組織の成長に欠かせないように、経営トップや経営陣の発言と行動、心構えは戦略と組織をつなぐものであり、組織の成長に大きな影響を与えると考えます。

## ＣＥＯの役割

現場から取締役や社長、ＣＥＯという立場になると、役割はどのように変わるのでしょうか。ＣＥＯの役割について、ドラッカーは『マネジメント［エッセンシャル版］――基本と原則』で次のように述べています。

1. 組織の外部にもたらすべき意味ある変化を明らかにすること
2. 外部の世界の情報を取り込むこと
3. 意味ある成果を決めること
4. 優先順位を定めること
5. 主な人事を行うこと
6. トップマネジメントチームを編成すること

1番目は、世の中がどのように変わり、それに対して我々はどう変化していくのかということです。ここでいう「組織の外部」とは、他社、日本社会、世界情勢など自社の外のことです。それが自社の事業にどう影響を及ぼすのかという話と、投資家の期待、お客様の期待などに対し、我々はどういう成長をすべきなのかという話があります。

2番目の「**外部の世界の情報を取り込むこと**」は、ネットで知り得る情報だけでなく、人から仕入れた情報も含まれます。ネットで知り得る情報というのは、非常に偏っている場合もあるし、真実ではない場合もあります。ですから、正確な情報を知るためには、実際に人と会い、そこから情報を仕入れることです。

コロナ前、私は年間に名刺300枚以上を消費していました。それだけ人に会っていたということです。その中から、今後MSOLとしてお付き合いすべき人とはランチをしたり、飲みに行ったり、ゴルフをしたりしています。特に仲のいい人とはLINEでつながっていて、情報交換したりしています。そういう本物の人脈をつくり上げることが重要です。これは経営者に限ったことではなく、すべてのビジネスパーソンに必要なことです。

3番目は、方向性とか、目標を決めていくことです。ただし、定量的な財務数値だけではありません。これからの1年なり、3年なりの会社全体の成果を決めます。たとえば、来期以降の3年間はしっかり利益をつくるとして、そのための戦略をつくり上げるといったことです。それには組織のケーパビリティを見極めたり、何をどう改善すればいいのかを見極めたりすることなどが含まれるかもしれません。

4番目の「**優先順位を決めること**」は非常に重要です。同時に、これは無駄なことを止めるという意味でもあります。なぜなら、無駄なことを止めるには勇気が必要だからです。場合によっては、現場でがんばっている人のモチベーション低下につながることさえあります。過去、私は社員ががんばって獲得したお客様を2社ほどお断りしたことがあります。現場は一生懸命だったのですが、MSOLとしては負担が大きくなりすぎ、社員が疲弊していたことお客様にも自立してほしいと思い、取引を見直しました。このときは売上げよりも、社員の健康と成長性を優先させました。結果的にはどちらの会社も戻ってきてくれ、いまはまた取引をしています。

これが、前述した価値前提です。これは事実前提だけでは見えません。その価値前提をいかに意思決定の中に取り込んでいくかが重要です。そのためには外部の情報に触れて見識を高め、本物の人脈からいろいろ学ぶ。それが結果的に4番目の優先順位を決めることにつながるのではないかと思っています。

5番目の「**主な人事を行うこと**」とは、幹部人事のことです。社長としては全員の人事に関わることができますが、「主な」となると幹部人事となります。ヒエラルキーの組織において意思決定をしていくための人事ですから、そこはかなり厳しい目で見る必要があります。これは過去もそうでしたし、これからもそうです。

6番目に経営の最高意思決定機関、上場企業では取締役会のことです。つまり、常勤取締役と社外取締役、監査役となるわけですが、ここがいちばん重要な最終的な経営の意思決定をするところです。ですから、そこをしっかり構築していくという意味です。

## 経営トップとしての行動

最後に、ドラッカーの本を読んで、私が意識的に行うようにした3つの行動を紹介します。

1. 経営トップはオフィスにいてはいけない
2. 経営トップは社外とのネットワーキングに通じて、常に研鑽しなければならない
3. 経営トップは24時間365日考え続けなければならない

私は、経営トップの仕事は社外とのネットワーキングを通じて、常に研鑽することだと考えています。その意味では、会食もゴルフも非常にコスパの良い投資です。そうなると、必然的にオフィスにはいないことになります。ですから、個人的には「オフィスに朝から晩ま

でいる社長ってどうなの」と思っています。私はもともと外に行きたいタイプですので、オフィスにははんこを押しにくるぐらいにしたいと考えていました。いまでは捺印業務ですらほとんどありませんが。

もうひとつ、常に考えることも経営トップの大事な仕事です。私は、それこそ24時間365日考え続けました。あまりにも考えすぎて、夜眠れずに自律神経失調症になったことがあるので、40歳を過ぎてからは夜9時以降はメールを見ないようにしています。

最後に、経営トップや経営幹部、そしてアカウントマネジャーといった現場のリーダーにとって重要な言葉を紹介します。それは、山本五十六が遺した次の言葉です。

やってみせ　言って聞かせて　させてみせ
誉めてやらねば　人は動かじ
話し合い　耳を傾け　承認し
任せてやらねば　人は育たず
やっている　姿を感謝で見守って
信頼せねば　人は実らず

最初の2行は有名なので知っている人も多いでしょう。次の2行、これは人を育てるうえで本当に重要な姿勢です。いちばん感銘を受けたのが最後の2行です。これは見守る立場の人間の姿勢です。つまり、トップになる人間はこういう姿勢であるべきということです。陰ながら見守る。感謝で見守る。そういう姿です。この言葉を知ってから、意識的にそうするようになりました。

経営理論に限らず、偉人の名言やリーダーの言葉、経営者の言葉というのは、すごく学びの多い言葉です。皆さんにはそういったものをたくさん読んで、自己研鑽に励んでほしいと思っています。

# 第3章

# MSOLの「プロセス」

## ビジネスプロセスという概念

「ビジネスプロセス」という言葉は、1993年に日本経済新聞社から出版されたマイケル・ハマー教授とジェイムズ・チャンピー教授の共著『リエンジニアリング革命――企業を根本から変える業務革新』（日経BPマーケティング、2002年）によって世界中に広まりました。業務プロセスを抜本的に見直し、デザインし直すことで業務効率を向上させる画期的な手法として脚光を浴びたのです。

当時のプロセスとは、たとえば製造業ならば、商品企画して、設計して、開発して販売する。販売後は在庫を管理し、アフターフォローするという一連の業務の流れを指していました。こうした既存のプロセスを大きく変えたのがデルです。デルは、商品をつくる前に受注するという斬新なビジネスモデルによって、キャッシュ・コンバージョン・サイクルをマイナスにしました。これは、ビジネスプロセスを大きく変える大革命といわれています。

しかしながら、プロセスを変えるというのは、そこまで大上段に構えなくてもいいと、私は思っています。お店の予約を電話からウェブに変える。押印が不要になるように多段階承認を変える。そうした数多くの無駄な仕事を見直していくことが、プロセスを変えることにつながります。そのためには、この細かい部分を変えたら効率的になる、という発想が重要となります。理想は小さなことから効率化していき、いつの間にかそれが当たり前になっているという感じでしょうか。たとえば、オンライン会議はいまでこそ当たり前ですが、新型コロナがなければ、いまでも参加者が集まって会議をしていたはずです。

その一方で、全体のビジネスを形づくるうえでのフレームワークとしてのプロセスがあります。企業のコアビジネスを生み出すにおいて必要な、フレームワークとしてのプロセスです。それが、本章で説明する「プロセス」です。

## MSOLにおける「プロセス」とは

第1章で説明したように、ＭＳＯＬ経営システムは「戦略」「プロセス」「組織」「ＩＴ」という4つの要素から構成されており、それぞれ密接に関連しています。中でも、本章で説明する「プロセス」と「ＩＴ」は特に密につながっています。ＩＴ化によって、プロセスの効率化、迅速化、省力化が実現できるからです。

それでは、ここでいう「プロセス」とは何でしょうか。これも第1章で説明したように、ＭＳＯＬにおける「プロセス」とは、経営・組織という観点で見たときに、日々の仕事にどういうつながりがあり、どういう効果をもたらしているかを示す仕組みのことです。皆さんの会社でも、日常的なオペレーション業務がプロセス化されていると思いますが、ＭＳＯＬでもさまざまな業務をプロセス化しています。

私が本格的にプロセスをつくりはじめたのは２００９年頃です。リーマンショックを機にサービスに注力することにしたことで、人を採用して教育し、評価する仕組みが必要になったからです。それまでは、戦略はあったものの組織は脆弱で、プロセスも全然できていませんでした。そういう意味では、リーマンショックが起こらなければ、いまのＭＳＯＬ経営システムも生まれていなかったかもしれません。とにかく、仕組みをつくらなければと思ったことで、ＭＳＯＬ経営システムの原型はできました。

なおＭＳＯＬでは、各プロセスをＫＰＩとバランス・スコアカードを使ってモニタリングしています。漫然と日常業務を処理していては、非効率な部分や無駄な部分など、問題になるプロセスがなかなか見えないからです。業務の効率化を図るには、業務の一つひとつを俯瞰して見たときに全体がどうなっているかを意識する必要があります。本章では、プロセスを全体感をもって俯瞰的に見ることができる、そうした目を養うことを目指して説明します。

## プロフェッショナルサービス業のビジネスプロセス

我々のようなプロフェッショナルサービス業のビジネスプロセスは、まずマーケティングを行い、そこから商談なり、営業に結びつけていくネットワーキングをします。次に営業活動を行い、受注できたらサービスを実行するという流れになります。したがって、プロセスが戦略と結びつかなければいけないし、組織とも結びつかなければいけない。また、ITによって効率化されなければいけません。

ＭＳＯＬの場合は、ＰＭＯという市場をブルー・オーシャンとしていち早く見つけ、そこに集中してマーケティング活動や営業活動をやり続けてきました。これは一見すると、営業活動や営業プロセスを重視していないように見えますが、実態は少し違います。人財サービス会社なので、営業活動にコストをかけるよりも採用や教育、そしてナレッジに経営資源を投下することを選択したというだけのことです（図表３－１）。

まず、戦略とプロセスを結びつける必要があるのが採用です。なぜなら、プロフェッショナルサービス会社で最も重要な資源は人財だからです。中途採用と新卒採用の比率といった

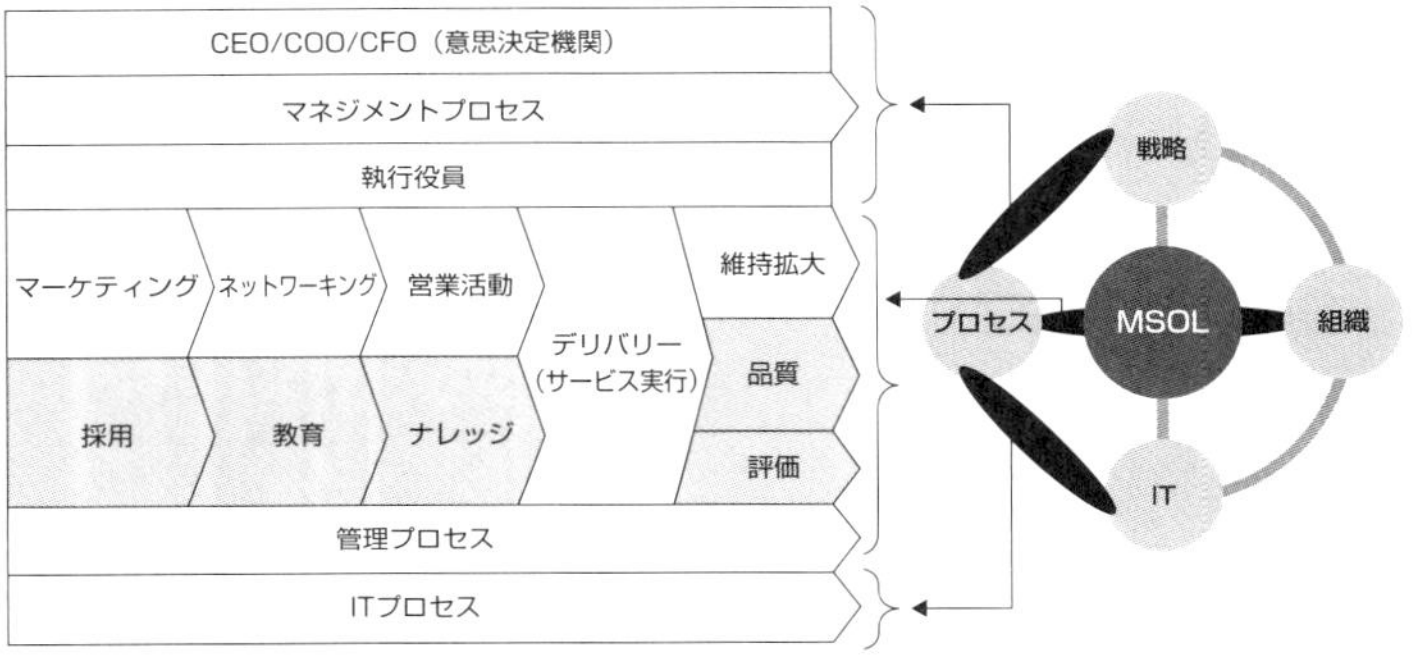


©Management Solutions co., ltd.

▶図表3-1　MSOLのビジネスプロセス

大きな方向性を決めて、どういう人財を採用するのか。その採用のプロセスを、企業戦略にもとづいて構築します。2011年に、組織内で未経験者の育成が可能だと判断して新卒の採用を決めたときに、新卒採用のプロセスもスタートさせました。

組織とプロセスも、非常に密接に結びついています。採用に関して人事機能はどこまでやるのか。現場のマネジャーはどこまでやるのか。個々人はどういった責任で行うのかなど、それらに関して個々のプロセスが必要になるからです。

そして、戦略とプロセスの結びつき、組織とプロセスの結びつきを補完するのがITです。ITについては第4章で詳しく説明しますので、ここでは人財管理のためのシステムについてのみ簡単に触れます。MSOLでは、クラウドのタレントマネジメントシステムが普及する前の2016年頃から人財管理システム「ＨＡＳＯＬ（ハーソル）」を自社でスクラッチ開発しています。どういう人を採用したか、採用した人がどのプロジェクトでどう評価されたのか、給料はどのくらいなのか。そうした人財情報を一元管理することはプロセス的にもとても重要なことですから、それをプロセスとＩＴで実現しているのです。

これらを整理すると、「採用」「教育」「プロジェクトにおけるデリバリー（クライアントへのＰＭＯ支援）」「評価」という、人財を軸にしたビジネスプロセスになります。さらに、それぞれに個々のプロセスがあります。たとえば、ＭＳＯＬの「採用」のプロセスには「社員募集・応募」「書類選考」「面接」「内定」「内定承諾」という流れがあります。

繰り返しになりますが、プロフェッショナルサービス会社にとって最も重要な資源は「人財」です。もし、依頼されたプロジェクトに適した人財をアサインできなければ、プロジェクトの成功確率は下がり、顧客満足度も低くなってしまうでしょう。したがって、プロジェクトに適切な人財をアサインし、評価することはきわめて重要です。また、評価は自分が不足している点を見える化するので、研修でスキルアップしていきます。このように、「教育」「プロジェクトにおけるデリバリー（クライアントへのＰＭＯ支援）」「評価」の各プロセスをぐるぐると回していくことによって、ＭＳＯＬはＰＭＯビジネスを強化してきました。

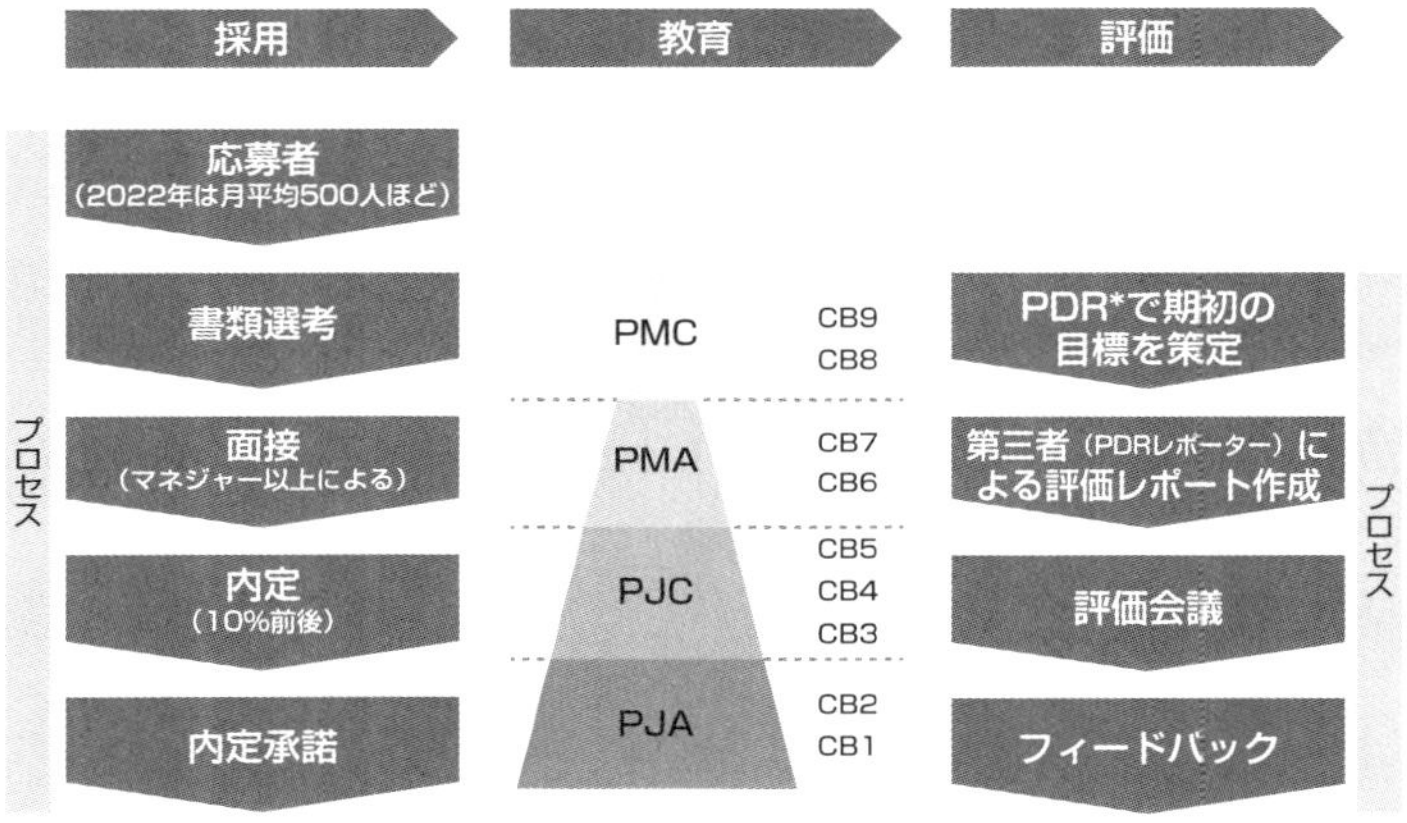


©Management Solutions co., ltd.　　(*) PDR : Performance Development Review

▶図表3－2　PMOビジネスモデル—全体システム

## 戦略的な強みは、ＰＭＯの階層をコアとするビジネスモデル

ＰＭＯビジネスのコアを成しているのはＰＭＯの階層です。具体的には、プロジェクトにおけるＰＭＯの役割を４つのサービスレベルに分類し、それに対して職級（キャリアバンド）という形でランクをつけ、キャリアバンドごとに給与と市場が求める単価を設定しています（図表３－２）。一種のジョブ型雇用だと思いますが、ＭＳＯＬではそれに合わせる形で人財を採用し、教育し、評価してきました。この仕組みを、私は20年近くかけてつくり上げてきましたが、まさにこれがＭＳＯＬの戦略的な強みといえます。

４つのサービスレベルと９つのキャリアバンドに分けたのは、ＰＭＯの定義にばらつきがあり、ＰＭＯとは何か、どういう役割や責任を持つべき存在なのかが一般的にまったく知られていなかったからです。第１章で紹介したブライアン・ホッブスも、ＰＭＯの定義は曖昧であり、その属する組織によって役割や責任、人数さえもバラバラだとして、「属する組織によって可変的である」と結論づけています。

そこで、私は役割を軸にＰＭＯを「事務局型ＰＭＯ（ＰＪＡ）」「管理定着型ＰＭＯ（ＰＪＣ）」「推進型ＰＭＯ（ＰＭＡ）」「参謀型ＰＭＯ（ＰＭＣ）」という４つのサービスレベルに分類しました（図表３－３）。この分類は、定型業務が中心の「事務局型ＰＭＯ（ＰＪＡ）」をスタートに、非定型業務が増えるにつれてレベルが上がるというもので、私としてはかなりイノベーティブなことだと思っています。なお、拙著『ＰＭＯ導入フレームワーク』には、「推進型ＰＭＯ（ＰＭＡ）」は含まれていません。管理業務や進捗管理を中心にしてきた「管理定着型ＰＭＯ（ＰＪＣ）」の人が、いきなり「参謀型ＰＭＯ（ＰＭＣ）」になるのはハードルが高かったことから、役割をより細分化して、「推進型ＰＭＯ（ＰＭＡ）」という階層を新たに追加したからです。

- **参謀型ＰＭＯ（ＰＭＣ）**：プロジェクトマネジャーの参謀として将来を見越した計画、経

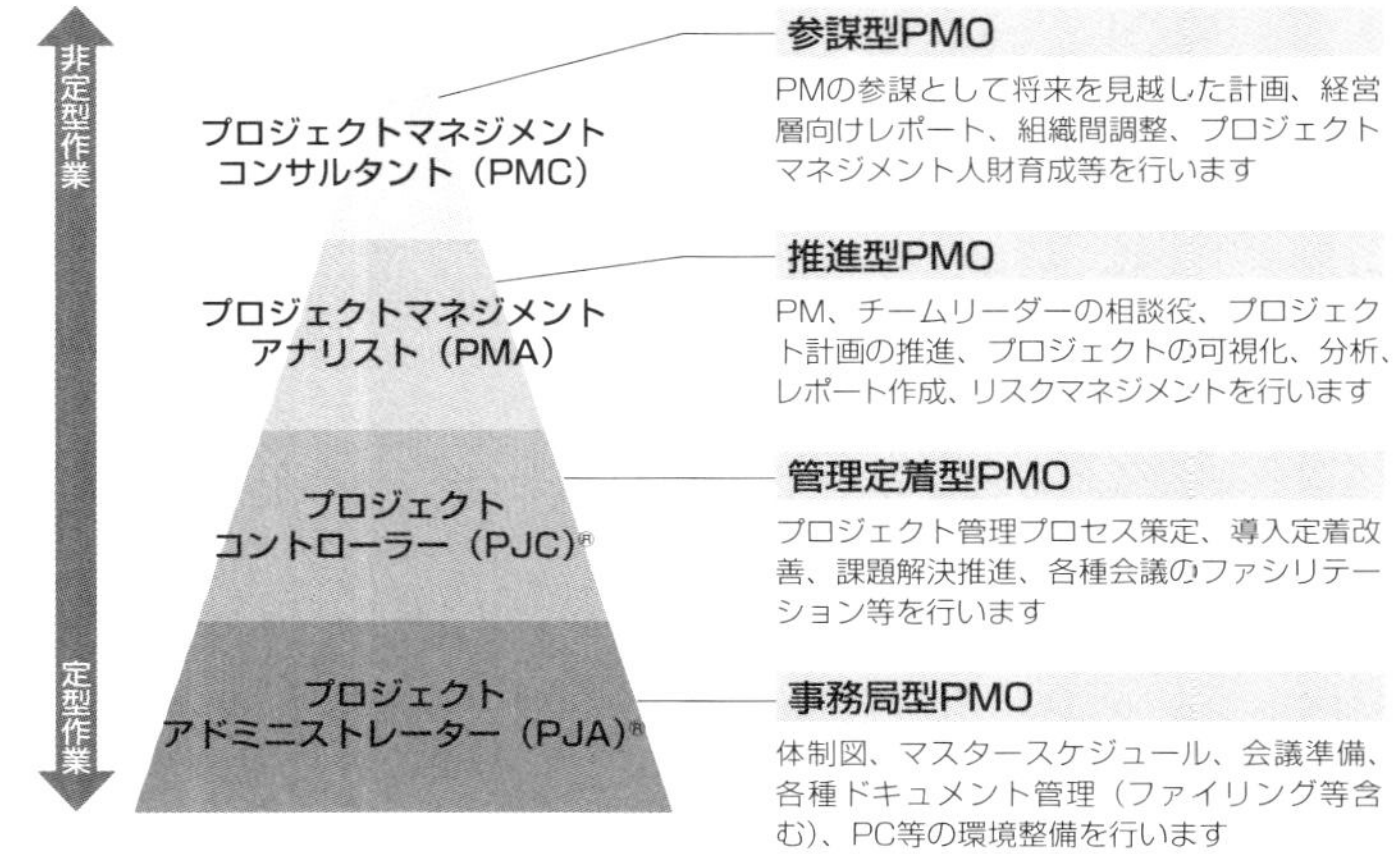


©Management Solutions co., ltd.

▶図表3-3　PMOの４つのサービスレベル

営層向けレポート、組織間調整、プロジェクトマネジメント人財育成等を行う

- **推進型ＰＭＯ**（ＰＭＡ）：プロジェクトマネジャー、チームリーダーの相談役、プロジェクト計画の推進、プロジェクトの可視化、分析、レポート作成、リスクマネジメントを行う
- **管理定着型ＰＭＯ**（ＰＪＣ）：プロジェクト管理プロセス策定、導入定着改善、課題解決推進、各種会議のファシリテーション等を行う
- **事務局型ＰＭＯ**（ＰＪＡ）：体制図、マスタースケジュール、会議準備、各種ドキュメント管理（ファイリング等含む）、ＰＣ等の環境整備を行う

この4つのサービスレベルはさらに、当初80項目にわたるＰＭＯのスキルマップをもとにより細かく定義しています。それがキャリアバンドにつながります。たとえば、ＷＢＳ（Work Breakdown Structure：作業分解構造図）ならば、「ＷＢＳをゼロベースでつくることができる」「ＷＢＳをサンプルを用いてつくることができる」「ＷＢＳを上司の指示の下で作成することができる」というように、スキルごとにレベル分けしています。

## 第三者を交えた評価会議でパフォーマンスを正しく評価する

ＰＭＯの階層を明確化したことのメリットは2つあります。ひとつは、クライアントの期待値ギャップを低減できることです。ＰＭＯのレベルと単価が事前にわかっていますから、クライアントはプロジェクトに必要なＰＭＯをスピーディに依頼できますし、その分プロジェクトを進めることができます。そうなると、プロジェクトの成功確率は高くなり、クライアントの満足度も上がります。

もうひとつは、評価しやすくなることです。ＰＭＯの階層を定義する前は、ＰＭＯのスキルを評価するのは容易ではありませんでした。たとえば、システムエンジニアなら高品質のシステム、プログラマーならバグの少ないプログラムというように確たる成果物があります。一方、ＰＭＯに必要なスキルはプロジェクトマネジメントスキルという汎用的なスキルですから、何をどう評価するのかがわかりません。

しかし、スキル別に分類すれば、その基準で評価することができます。たとえば、キャリアバンド6でアサインされた人を評価する場合、キャリアバンド6というひとつの基準に対して、それ以上だったのか、それとも以下だったのか、同じキャリアバンド6の人との比較も踏まえて判断します。もし、期待どおり、つまりそのプロジェクトでキャリアバンド6の役割を十分に果たしたといえるならば5点満点中で評価3になります。これが、もし評価4ならばキャリアバンド7の力を持っていることになりますし、逆に評価2ならばキャリアバンド5レベルしかないということになります。

ところで、評価のプロセスは評価して終わりではありません。評価会議で、もしキャリアバンド5のレベルだと評価されたとしたら、それはキャリアバンド6に求められることに対して改善点があることを示しています。たとえば、進捗会議における積極的な発言が足りなかった、クライアントを巻き込んでいくコミュニケーション力が足りなかったなど、具体的に何が不足していたのかが明確になるということです。改善点がわかれば、それを補うために研修を受けてもらうことになり、人財育成につながります。

加えて、もうひとつ重要なポイントがあります。それは、評価会議に出席するマネジャーが、各キャリアバンドのレベルがどのくらいであるべきかを理解できるようになることです。

キャリアバンドのレベル感を知っているマネジャーならば、お客様にアサインした人財がどのくらいのことができるのかを説明することができますし、どの程度の教育をすればその人財がレベルアップできるかもわかります。また、採用でも精度の高い面接ができるようになります。つまり、評価会議はマネジャーの教育にもつながるのです。「採用」「教育」「プロジェクトにおけるデリバリー（クライアントへのＰＭＯ支援）」「評価」の各プロセスをつくり、それをループさせる。これを十数年かけてシステマティックにつくってきたというのが、ＭＳＯＬの大きな強みです。

## 採用プロセス

採用のプロセスは、「社員募集・応募」「書類選考」「面接」「内定」「内定承諾」「入社」です。２０２２年は月に平均６００人の応募者があり、書類選考で約３００人弱に絞り込みました。前述したように、面接では、前節で説明したキャリアバンドへの理解が重要になってきます。なぜなら、面接官がキャリアバンドの仕組みを理解していなければ、応募者のプロジェクトマネジメントスキルを正しく判断することができないからです。たとえば、キャリア採用の場合、過去の経歴と面接時の対応を鑑みて、その応募者がキャリアバンド6なのか、それともキャリアバンド7なのかを判断することになりますが、その判断は面接官が行います。その結果、キャリアバンド6となったら、入社後の給与はキャリアバンド6のものが自動的に適用されます。サービス提供する際もキャリアバンド6としてアサインし、その単価で契約することになります。この仕組みによって、クライアントの期待に沿ったサービスと単価感を提供でき、期待値ギャップもかなり解消されるというわけです。

次に、プロセスとそれをモニタリングするKPIについて簡単に説明します。内定率は、2010年頃から継続的に算出しています。というのも、そもそも市場にPMOに適した人財がどのくらい存在するのか、目処をつける必要があったからです。その結果、10%前後が適切だと判断するようになりました。これは、応募者の中で10人に1人の確率ということです。それからは、10%を大幅に超えるようであれば、向いていない人も採用している可能性があると判断し、10%を下回れば厳しく判断しすぎで、ポテンシャル人財の採用ができていない可能性があると判断するようになりました。このように、プロセスをベースにKPIを活用し、経営の意思決定を行ってきました。同じように、応募者数、書類選考通過率、内定承諾率もモニタリングすることで、プロセスの健全性を把握し、さまざまな会議で活用しています。

この後、採用のプロセスを細かく見ていきますが、採用には新卒採用とキャリア採用があり、それぞれのプロセスは異なります。

## 新卒採用の概要

ＭＳＯＬは、２０１２年から新卒を採用しはじめました。当時は、まだプロセスと呼べるようなプロセスもなく、募集も大学側と交渉したり、就職説明会のイベントに参加したりして、学生を集めるといったレベルでした。そもそもコンサルティング業界の中でも特殊なＰＭＯ専門会社というわかりにくさ、また新卒採用が初めてということもあり、入社してくれた新卒1期生の４人の社員にはいまでも感謝しています。3期生までは書類選考と最終面接はもちろん、入社後2か月間の新卒研修も私自身がハンズオンで行いました。

採用プロセスに限らず、教育プロセスも、評価プロセスも同じような状況でした。最初の3年は、プロセスそのものがなかったくらいで、どう教育すれば成長するのか、お客様が受け入れてくれるかなど、苦労の毎日でした。そんな感じでしたから、プロジェクトへのアサインも「タダだったらいいよ」といわれ、最初の頃は無料で提供していたこともあります。とにかく、1期生、2期生、3期生はいろいろな意味で実験台のようなものでした。評価は、一応ＰＤＲ（Performance Development Review：第三者が作成するレポート）による評価を行ってはいましたが、新卒をどう評価するかについても相当ディスカッションしました。

最初の３年がうまく回りだしたことで、４年目、５年目あたりから、新卒の採用人数を増やしはじめました。２０１２年のスタート時点で４人だった新卒は、２０２１年は29人、２０２２年は46人、２０２３年は70人、２０２４年は１１１人と、新卒採用を始めた当初からすると想像以上の採用人数になりました。

採用プロセスそのものは、２０１３～14年頃から当時の人事採用担当者とともに構築し、その後、新卒採用に長けた社員の入社によって確立されました。

## 新卒採用のプロセス

新卒採用のプロセスは、一般的な企業とそれほど大きくは変わりません。母集団を形成して、説明会を実施して選考します。面接はだいたい３回くらいで、合格者に内定を出し、内定者フォローをします。たとえば、20人採用したいのなら、母集団形成段階で必要な人数は３０００人、説明会で必要な人数は６００人、選考過程で必要な人数は１５０人程度と、エージェントからの情報や他社、自社の過去の実績を参考に目標（ＫＰＩ）を設定し、最後に目標に対する実績で評価をします。

新卒採用で難しいのは、その年ごとにトレンドがあることです。学生の状況もそうですし、世の中の情勢、他社の状況にも大きく左右されます。コロナ禍のときには、採用活動を中止した企業もあるくらいです。どのようなトレンドによって影響されるかは、その時々によって違いますし、学生もネットで知り得た情報から理論武装しますから、企業側もアンテナを張って情報収集をしておかないと、採用確率はなかなか上がりません。

新卒採用に関して、昔から私が何度もいっていることは「学生も企業も暗闇の中で握手しているようなもの」だということです。企業は働いたことのない学生を採用するわけですし、学生も働いた経験のない中で企業を選ぶわけですから、「なんとなく合うかな」というような状態に過ぎません。ですから、この精度を上げるのはなかなか難しいものがあります。結局のところ、かなり早い段階で準備し、情勢を捉えて、アンテナを張り、その都度戦術を変えて実行するしかないと思っています。

採用は、プロセスという点において改善に改善を重ねてきました。面接時も、結果に対する評価も分析していますし、辞退率や承諾率もかなり細かく分析しています。承諾率は、会社のブランドが上がるにつれて上がることは明らかです。これは新卒採用だけでなく、キャリア採用も同じです。

## キャリア採用のプロセス

キャリア採用のプロセスも、新卒採用のプロセスと大きくは変わりません。とにかく応募総数（母集団）を増やすことが最も重要です。選考では、いかに早く面接のスケジューリングをして面接をし、結果を出して、早く伝えるかがポイントです。内定を出した後は内定者フォローをして、実際に内定承諾をもらい、入社してもらうことになります。

経営的な観点でいえば、重要なKPIは応募総数を増やすことと内定承諾率を高めることです。前述したように、内定率は10％前後で、これは十数年この水準を維持しています。PMO以外のキャリアを採用すれば、内定率も上がる可能性がありますが、PMOに関しては20％に上がることはないと考えています。

## 評価プロセス

評価は上半期、下半期の2回、第三者がパフォーマンスに関するレポート（PDR）を作成し、評価会議で議論して決定します。PDRはプロジェクトの上司や同僚にヒアリングし、現場でのパフォーマンスを限りなく360度評価に近い形で評価するというもので、創業時から行っています。評価の結果、上がる人もいれば、下がる人もいますが、組織というものはそうした中でしっかりとつくられると考えています。ただ、MSOLの仕事はプロフェッショナルサービスですから、現場の評価がいちばんです。しかし、現場からマネジャー、ディレクターと昇格するにつれて、評価対象はより会社組織または経営に対する貢献になってきます。

## 評価プロセスの全体の流れ

評価自体は上半期と下半期の2回行いますが、PDRプロセスの流れとしては、「上司との1on1ミーティングを通しての目標設定」「アクションプランの策定」「結果確認」「フィードバック」の繰り返しです。この形になったのは2008年のことです。

MSOLの評価プロセスのベースとなったのは、20代の頃に在籍していたアーンスト・アンド・ヤングコンサルティングの評価プロセスです。第三者がレポートを書いてラウンドテーブル（MSOLではパフォーマンスレビューミーティング）で報告、直属の上司や直接仕事で関わっている人たちが意見を述べて評価点数を決めていくという、きわめて愚直な手法です。

第三者がレポーティングをすることはありませんでしたが、アクセンチュアもパートナーやアソシエイトパートナー、マネジャーが一堂に会して一人ひとりの評価を行っていました。

さらに、MSOLではパフォーマンスレビューの結果を踏まえて、経営会議で昇格・昇給（降給・降格）を決定します。また、経営幹部を中心にタレントレビューミーティングやタレントマイニングミーティングで個々人の成長の振り返りと育成計画を検討し、優秀な人財の抜擢人事などを行っています。

タレントレビューミーティングでは、評価の高い社員、評価の低い社員の報告があり、どの社員がどういう理由で評価が高かったのか、低かったのかが逐一報告されます。その中から、特に評価が高い社員（ハイパフォーマー人財）は将来的な幹部として見ていくので、経営陣も気に留めるようにしています。

一方、評価の低い社員（ローパフォーマー人財）は、なぜ評価が低かったのかの理由を検討します。採用のミスということもありますし、アサインメントのミスということもあります。スキル的、あるいは経験的にも合っていないプロジェクトだったのかもしれませんし、カルチャー的に合わなかったのかもしれません。そういうアサインメントの問題、教育の問題、コミュニケーション不足など低い評価には多様な理由がありますが、そういったものも逐一改善して取り組むのがタレントレビューの目的です。

このプロセスを通じて全社員一人ひとりの評価をみんなで行う。この基本的な仕組みは2008年頃から大きくは変わっていません。このビジネスモデルをひたすら愚直にやってきたということが戦略的な強みであり、プロセス面でもかなりブラッシュアップしてきました。

## 評価点では平均点を重視する

前述したように、評価点で重要なのは平均点です。評価カテゴリーごとに1点から5点までの5段階評価を行い、総合点数はその平均です。たとえば、3点は期待どおりの成果を収めたという評価であり、決して悪い評価ではありません。2点だと改善点が見受けられる、4点だと昇級昇進対象となる、5点は年に数人程度で、かなり評価が高い場合に限ります。

2008年からスタートし、毎年全体の平均点を継続的にモニタリングしていますが、十数年もモニタリングしていると、小数点レベルでその良し悪しが把握できるようになります。キャリアバンドのレベルにもよりますが、たとえば、新卒で3・6点程度ならば平均的、10年以上の経験者でキャリアバンドが高ければ4点で優秀な部類と判断できます。経験者ほど期待値も高いため、4点ということは期待以上の成果が出たということでもあり、評価されているという判断となります。また、新卒で結果を出している人財が評価点5点の場合、通常はキャリアバンド1から2に昇格するところを、1段階スキップしてキャリアバンド3に上がったりします。その場合、2年目で給与の差が生まれます。その意味では、年功序列ではなく、実力主義の評価体系です。

## 教育のプロセス

教育のプロセスは、「コンテンツ制作」「講師の選定」「受講者のスケジュール調整」「受講」「受講者満足度の調査」という流れになります。ただし、経験者と新卒とでは異なります。新卒は2か月間の研修を経てからプロジェクトにアサインとなりますが、経験者はオリエンテーションを経てすぐにプロジェクトにアサインされるからです。研修プログラムは年間200程度を実施していますが、基本的にはOJTです。

MSOLの研修プログラムはプロセスというよりも、多くの研修をいかに多くの社員に届けるかを目標としています。その意味では、コロナ禍で対面の研修からオンライン研修になったことは追い風になりました。知識ベースのトレーニングの場合、オンラインのほうが受講しやすいからです。

MSOLはPMO専業ですので、以下では主にPMO育成について説明します。

## MSOLの研修プログラム

ＭＳＯＬは、創業時からＰＭＯのノウハウを言語化してきました。ですから、研修はＭＢＡ科目のように体系的に知識を得るものだけでなく、ケーススタディをベースとしたきわめて実践的なものです。経営戦略やファイナンスなどの講義、営業の研修などは自社内でコンテンツがつくりにくいこともあって外部講師に依頼していますが、８割以上は現場で培ったノウハウをもとに自社で制作しています。たとえば、過去のプロジェクトの振り返りをベースにした「俺のマネジメント」は、プロジェクトで実際に体験した生々しい話も含めてコンテンツにしています。こうしたコンテンツを教材にしているのは、現場では正解がひとつではないことがほとんどだからです。そこで、ケーススタディをもとにしたディスカッションを通じて、「引き出し」を増やすのです。

## 研修のコンテンツを支えるベースはナレッジ

ＭＳＯＬでは、社員向けの研修を創業の頃から行っています。前述のように、多くの研修プログラムは社内で独自開発していますが、当初は私が研修のコンテンツを作成し、講師をしていました。いまではすっかり手が離れ、組織内でしっかりとナレッジの環流と教育を行えるようになっています。

だからこそ、いえます。研修のコンテンツを支えるベースはナレッジだと。ですが、そのナレッジにも、まだまだ多くの課題があります。そのひとつがナレッジの共有です。いまは便利なツールが増えてきましたので、ナレッジの共有にもチャットツールなどを大いに活用しています。たとえば、以前、コロナ禍で新卒で入社以来ずっとオンラインで仕事をしているという社員に、「わからないときにすぐ聞けないのは不安じゃない？」と尋ねたところ、そこはさすがネットネイティブ世代なので、「スラックとかチャットで聞くことができます」と。「でも、どうしても直接聞きたい場合はオフィスに出社して、上司がいる場合は聞いています」というのです。これは、いまの世代ならではのナレッジの吸収だと思います。とはいえ、そういう社員ばかりではありません。社内のナレッジを必要な社員に、必要なだけ、タイミングよく提供できるかはプロセスやツールの問題です。つまり、これはプロセス上の改善ポイントだということです。

研修に関しても課題があります。ＭＳＯＬの研修には、これまで16期で延べ千数百人が受講しています。しかし、その実態はといえば、受けている社員はたくさん受けている一方で、まったく受講していない社員も少なくありません。対象となる人数が増えれば、研修の受講状況に偏りが出てくることはあり得ます。これも、プロセス上の改善ポイントだと考えています。

いまはまだ、ナレッジが十分に提供されていない部分があったり、受講状況に偏りがあったり、コロナによって対面での教育やコミュニケーションが希薄になったりと、さまざまな課題があります。それらを改善していくためにはプロセスやＩＴも改善する必要がありますが、いちばん重要なのはお互いを知ることです。知っていれば聞きやすいですし、話しやすいからです。

# 営業プロセス

## ＭＳＯＬ流営業スタイルは、ＭＳＯＬのファンをつくること

第１章でも触れたように、正直いって、私は営業らしい営業をしたことがありません。実際、上場するまでＭＳＯＬには営業組織がありませんでしたし、以前は中途入社した社員に「営業って、どうやってやるんですか」と聞かれて、答えることができなかったくらいです。

では、どうやって仕事を取ってきたのかといえば、ホームページを見て連絡をいただいたり、それ以外ですと私の本を読んで連絡してきた、ＰＭＩ日本支部の法人会員のリストを見て連絡してきた、イベントやＰＭＩ日本支部のセミナーでＰＭＯに関する講演を聞いて声をかけていただいたなどです。

でも、当時いちばん多かったのは人脈を通した紹介です。創業したばかりの頃は、前職時代にお世話になった方々から紹介してもらいました。また、飲み会やゴルフでご縁ができ、お会いする機会を得たこともあります。そういうご縁で知り合った方が、私のＰＭＯに対する考え方に共感し、ＭＳＯＬのファンになってくれました。もちろん、結果を出さなければ継続的に取引することはできません。プロジェクトを成功に導くことができて初めて、次の受注につながるからです。実際、これまで、大手企業で伝説的なプロジェクトを成功に導いてきました。その結果、レピュテーションが高まり、グループ会社への紹介などをしていただくようになりました。ですから、上場後まで営業組織をつくらずに、常に人手不足の状況が続いていたのです。

## 営業プロセスの全体像

前述した私の営業スタイルは一般化しにくいですし、社内に共有もできません。当然、プ

図表3-4　営業プロセス（一例）

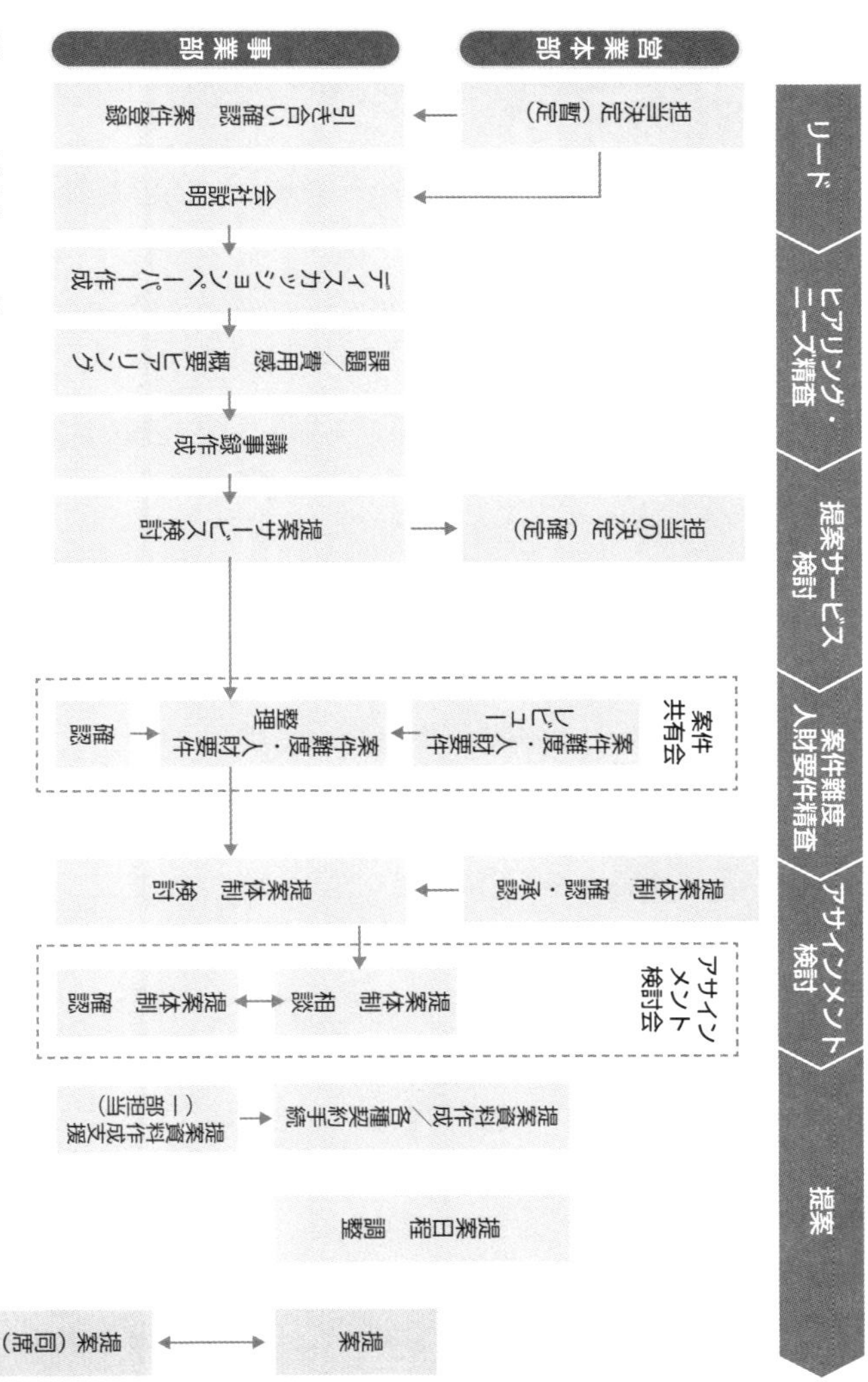

ロセスにも絶対に落とせません。さすがにこれではまずいということで、現・代表取締役社長の金子啓氏の力で組織的に営業を強化していくことになり、２０２１年５月に営業本部を立ち上げました。いまは、営業のプロセスもつくりつつ、営業のリードや受注状況をモニタリングしています。

その営業スタイルの全体像が図表３－４です。これを、今後プロセスとしてつくり込んでいくことになっています。そのときに鍵となるのがネットマーケティングです。ネットマーケティングでリードを取り案件を受注していくのです。現在ではＰＭＯサービスのみならず、多くの商材を抱えていますし、特にソフトウェアのPROEVERはネットマーケティングが効果的です。

使用しているＫＰＩは、主にリード数、商談数、提案数、受注数などです。営業プロセスとしては一般的なものを使用していますが、重要なことはプロセス上における意思決定の迅速さです。

## 意思決定と情報共有のプロセス

創業からしばらくは施策立案から実行を私自身が行っていましたが、少しずつ権限移譲した結果、いまでは私が関与するのは取締役会における意思決定のみとなりました。施策実行は執行役員、意思決定は取締役会というガバナンスが成立しています。そこで、ここではどういった意思決定をどのような会議体で行っているのかについて説明します。

現場の情報を吸い上げていくという意味で、毎月行っている会議の中でいちばん大きいのはグループシナジー会議です。そこで現場の情報を吸い上げ、その中でより経営レベルでの議論、または何かしらの意思決定が必要なものに関しては経営会議で検討します。経営会議では、ＭＳＯＬ ＢＳＣをベースにしたＫＰＩに関するレポートが行われており、そこで私は状況を把握し、必要に応じて質問などをしています。また、グループ会社はグループ会社で個別の月次報告があります。そうした会議を経て、最終的には月に1回の取締役会議で、経営レベルで決議すべきことが決議されていきます。これが大まかな流れです。意思決定に必要となる財務数値は管理本部がまとめていますが、速報ベースでなら営業3日目で出てきます。このスピードは、MSOLの企業規模にしては速いほうだと自負しています。

これら以外にも、前節で説明したように事業部ごとの定例会議があり、それぞれ情報共有しています。もちろん、情報共有するのはいいことです。ですが、情報共有に終始してしまい、重要な課題が議論されず、何も決まらないのは問題です。組織が大きくなると、どうしても会議が増えますが、そうすると何の意思決定もしない会議が起きやすくなるのではないかと思います。

それを防ぐには、プロセスのアップデートしかありません。常にプロセスを見直しつつ、プロセスの中で出てきた課題や情報を踏まえて、しっかりと意思決定ができる組織、プロセスをつくっていく必要があります。これには終わりがありません。組織というものは大きくなると、機能不全に陥りやすい部分が出てきます。MSOLも今後、大きくなるにつれて、弱くなっていく部分も出てくるでしょう。それを未然に防ぐ、あるいは補強するためにも、プロセスが形骸化しないように、会議体に関しては、毎年見直しをしています。これは、すごく重要な部分だと思っています。

## 補足：BPRとRACI

### BPR

BPRとはBusiness Process Re-engineeringの略称で、企業活動や組織、業務プロセスを抜本的に見直してデザインし直すことです。こう説明すると、業務改善と同じだと思うかもしれません。ですが、BPRと業務改善はまったくの別物です。業務改善は部分的に改善して業務を効率化するのに対して、BPRは「プロセス」そのものを「根本」から見直し、「劇的」な改革を図るものです。

BPRは、マイケル・ハマーとジェイムズ・チャンピーが、1993年に出版した*Reengineering the Corporation: A Manifesto for Business Revolution*（野中郁次郎監訳『リエンジニアリング革命――企業を根本から変える業務革新』）によって一世を風靡しました。当時はインターネットが普及しつつあり、インターネットを介した商取引も活発化していました。そういう新しい潮流の中、旧態依然とした大企業が変化するために、コンサルタントはBPRの導入を勧め、企業もまたこぞって導入したものです。余談ですが、BPRを行う際、プロセスをどうすべきかということを学ぶために、他社のプロセスから学ぼうということで流行ったのが「ベストプラクティス」という言葉です。

ところで、この流れ、最近のＤＸとよく似ていると思いませんか？　はじめてＤＸを聞いたときに思ったのが、「30年前と変わらない」でした。つまり企業というのは、常々プロセス、システム、組織を見直していく必要性に迫られているということです。外部環境がこれだけ急速に変化する中で、アジャイルな組織とか、俊敏な組織とか、いろいろな言い方をしますが、企業が生き残って成長していくにはとにかく常に変化し続けることが必要なのだと思います。

## ＢＰＲにおける各ステップ

ＢＰＲは、コンサルティングの世界でよく使われるAs－IsとTo－Beのギャップ分析と呼ばれている分析方法のことです。As－Is＝現状の業務フローとTo－Be＝あるべき姿を描き、そのギャップをすべて洗い出し、必要な施策を描いてTo Do化するというものです。To－Beは、たとえば「システムを入れたときにはこの業務は要りません」「この会議体は要りません」など、洗い出すギャップは業務、システム、組織、社員のスキルなど、プロセスの視点から見たすべてをフロー図に描き出します。

ただ、ＢＰＲは欧米企業のようなトップダウンで動く組織には有効ですが、日本企業のように業務が現場主導で行われる組織には効果があまりないような気がします。実際、現場に話を聞くと、「As－IsとTo－Beがあまり変わらない」「システムを入れても逆に業務が遅れてしまう」など、評判もよくありません。また、業務に合わせるようにシステムのアドオンを追加したら、バケモノのようなシステムになってしまったなんてこともあります。二十数年前はそういうことが当たり前にありました。

コンサルタント時代にそういうことをずっと見てきて、「無駄なことやってる」と常々思っていました。本来の意味合いにおけるBPRはいまでも活用されるべきものだと思っていますし、MSOLでは継続的に行なっていく必要があるとも思っています。

## RACI

BPRを分析する際に、ツールとしてすごく利用価値が高いのがこのRACIです。

RACIとは、各人の役割と責任を明確化し、プロセスの中で円滑な役割分担を図って遂行できるようにするためのツールのことです。「実行責任者（Responsible）」「説明責任者（Accountable）」「相談先（Consulted）」「報告先（Informed）」の4つの役割があり、RACIはその頭文字をとったものです。

RACIでは実行責任者と説明責任者を分けていますが、これは欧米企業ではアカウンタビリティを重視する傾向があるからです。アカウンタビリティは、レスポンシビリティよりも責任度合いが高いとされています。たとえば、MSOLで最もアカウンタビリティの責任があるのは、社長である私です。しかし、実際に施策を実行するのは現場です。それをしっかりと上司が説明できるか。それが、この説明責任者（Accountable）の役割というわけです。

日本企業には少しなじみにくい面はありますが、MSOLは、そういうアメリカ式経営と日本式経営のハイブリットですから、アカウンタビリティをすごく重要視して経営を行っています。

## RACIチャート

RACIでは、まず業務を分類するところから始めます。最初のステップは、すべての業務を洗い出し、それに対してRACIで役割分担をします。次に、それぞれに対して必要な作業工数または実際の実績値を入れていきます。3つ目のステップは、どのようにすれば業務改善（生産性向上）できるか、特定プロセスについて業務フローを策定します。最後は、必要な作業をシステム化します。

これはまさにコンサルティングの世界の話で、私もアクセンチュア時代にはよくつくっていました。これを社内でしっかりやっていくことが、役割、責任範囲が曖昧になりやすい企業組織ではすごく重要であると思います。

会社組織が大きくなればなるほど、コーポレート部門が肥大化し、無駄な仕事、無駄なプロセス、無駄な作業が発生します。それを適宜変えていく手法がBPRであり、RACIです。これを継続してやっていくということを常々意識して、そのような思考で経営全体のプロセスを捉えていってほしいと思います。

# 第4章

# MSOLの「IT」

## ＭＳＯＬ経営システムとしてのＩＴ

ＭＳＯＬは、創業当初からＩＴを重視してきました。それは、ＭＳＯＬ経営システムの「プロセス」の実行や「組織」におけるコミュニケーション、また「戦略」を具現化する仕組みを支えるものが「ＩＴ」だからです。

まず、「組織」と「ＩＴ」がどう絡んでいるかですが、ここでバーナードの組織論が出てきます。バーナードは、組織が組織として成り立つためには「共通目的」「協働意欲」「コミュニケーション」が必要だと述べています（第２章参照）。一つ屋根の下での仕事ではなく各クライアント企業においてサービスを提供するＭＳＯＬの場合、何らかの施策を打たなければ、社員と社員、社員と会社の関係は希薄になり、バーナードのいうコミュニケーションも協働意欲も醸成されません。これでは、組織として機能しません。この課題をＩＴで何とかできないか。それが、創業時からＩＴを重視してきた理由のひとつです。ＩＴはビジネスと組織を構築するだけでなく、コミュニケーションを円滑にするうえでも重要な役割を果たしています。ですから、ＭＳＯＬではＭＶＶを浸透させるために、動画配信や専用Ｗｅｂサイト、ポータルサイト、コミュニケーションツールなど、あらゆるＩＴを駆使しています。

次に、「プロセス」と「ＩＴ」の関わりですが、ＭＳＯＬにおいてＩＴはプロセスを改善するための手段です。具体的には、意思決定、マネジメントプロセス（ＢＳＣ、ＫＰＩ）、採用プロセス、評価プロセス、営業プロセスなどの実行の効率化・迅速化・省略化です。たとえば、ＫＰＩを可視化するために、ＭＳＯＬではモニタリングツールやＢＩツールを利用していますが、それによって意思決定しやすい環境をつくっています。

次節で詳しく説明しますが、ＭＳＯＬでは多種多様なＩＴツールを駆使しています。しかし、これは決して目の前の仕事を楽にするためではありません。戦略にもとづき、組織やプロセスと密接に絡みあって機能させるためです。もちろん、これらＩＴツールを導入することで、結果的に仕事は楽になるでしょう。しかし、それを目的化してしまうと、システムは必ず肥大化します。また、現場の業務に合わせるために機能を追加すれば、コストも増大します。それでは、経営的にシステムを入れている意味がありません。

パナソニックホールディングスグループＣＩＯの玉置肇氏は、CNET Japanでのインタビューに、「**大きなシステムだけでも１２００程度あり、把握しきれていない。しかもこれらのシステムは20～30年選手。ここを近代化しないといけない。ただ、現行プロセスを変える**

**ことなく追加要件を実装していったため、システムは新しくなるというか大きくなってしまっている。これをきれいにしていきたい。プロセスを変え、簡素化して、システムを置き換えていく**」(「玉置CIOが話すパナソニックの変革「PX」――情報システムにメス、カルチャーも変える」2022年7月1日)と述べています。これはもう香港の九龍城のように、信じられないぐらい込み入っているということです。MSOLも、社内システムを計画的に、また戦略的につくっていかなければ、5年、10年後にそうなる可能性が十分にあります。

重要なことは、数年先のMSOLのビジネスを効率的に運用していくためにITはあるということです。そのためには、短期的にはコスト高になったとしても、必要ならば積極的にITに投資します。実際、2011年にクラウド化しはじめたときは、当時の売上げに対するIT投資は相当の割合になりました。それでも、MSOLではクラウド化を進めました。それは、数年先には回収できると見込んでいたからです。MSOLはそのくらいの成長率を果たしてきていると自負しており、このことはかなり意識しています。2022年には、SAP® Business By Design®も導入しました。財務会計機能の多くをERPパッケージで賄うことができるようになり、当時はコスト的に高い印象でしたが、現在ではグループ会社にも展開し、信頼性の高い財務数値を担保できるようになりました。

## プロフェッショナルサービスだからこそ、必要なコミュニケーションツール

基本インフラである社内メール、社内サーバー、勤怠管理システムは創業時から導入し、パソコンと携帯電話も各自に配布しています。携帯電話などのガジェット系は個人的に好きなこともあり、２００８年にｉＰｈｏｎｅ ３Ｇが出たときには全社員に配ったほどです。ただ、スマホを全社員に配ったのは、私の趣味だけではありません。目的はコミュニケーションの活性化です。ＰＭＯのビジネス、もっと広くいえばプロフェッショナルサービスのビジネスというのは、基本的に個人がバラバラで働きます。また、システムインテグレーターのように、ひとつのプロジェクトに何人も参画するわけでもありません。多くても５人、場合によってはひとりです。そうすると、どうなるかといえば、社員同士がコミュニケーションを取ることも、会社と社員がコミュニケーションを取ることもなくなります。パソコンにしても、クライアントが用意したパソコンを使い、会社が貸与したパソコンを使わないケースもあります。そうなると、会社で貸与したパソコンを使うのは経費精算のときくらいと

なってしまいます。

だからこそ、チームメンバー間のコミュニケーションや共同作業を促進するためのコラボレーションツールが重要となります。コンサルタントが孤独にならずに、高パフォーマンスを発揮していくには、デジタルの力で情報と人をつなげ、人と人とのつながりをより強く緊密にする必要があるのです。コンサルタントがお客様先に常駐していて、会社と離れていても、社員同士をつなげて知見を共有し、エンゲージメントを助けるために、MSOLではITを活用しているというわけです。

なお、コラボレーションツールが重要となったのは、MSOLが会社として急拡大してきたからです。組織が大きくなるにつれて考えの異なる社員が増えたことで、効率的な情報共有と意思決定が必要となりました。また、新型コロナの世界的流行の影響でリモートワークが盛んになったことも一因です。そういうさまざまな要因から地理的制約を克服し、柔軟な働き方を実現させるために、コラボレーションツールの利用が必要になったのです。

また、MSOLのビジネスは人を核とするものですから、人財情報を管理するためのシステムがとても大事です。たとえば、ナレッジマネジメントシステムでは過去のプロジェクトのデータやベストプラクティスを共有していますし、組織全体でも知識を蓄積・共有しています。また、人財管理システムHASOLには従業員、評価、育成、ウェルビーイング、資格、経験などの人財情報が一元管理されており、案件情報や財務情報と連携しています。人財×財務というベースの中でさまざまな切り口でデータ分析として活用しています。

## MSOLではどのようにしてITを整備してきたか

### 先を見据えてITを導入

利用に申請が不要な社内標準アプリケーションは、バックオフィス、フロントオフィス、コミュニケーション、ドキュメント作成、セキュリティ、業務アプリケーションで数十種類のツールを活用しています。たとえば、人財管理システムHASOLは社員が急増することを見越して、それに耐えられるように自社開発しました。HASOLがあれば、その上のソリューションはAPI連携すればすみます。実際、いま、HASOLはカオナビやTableau、salesforceなどと連携しています。

カオナビは人財情報を図鑑のように可視化するツールで、HASOLのデータをインター

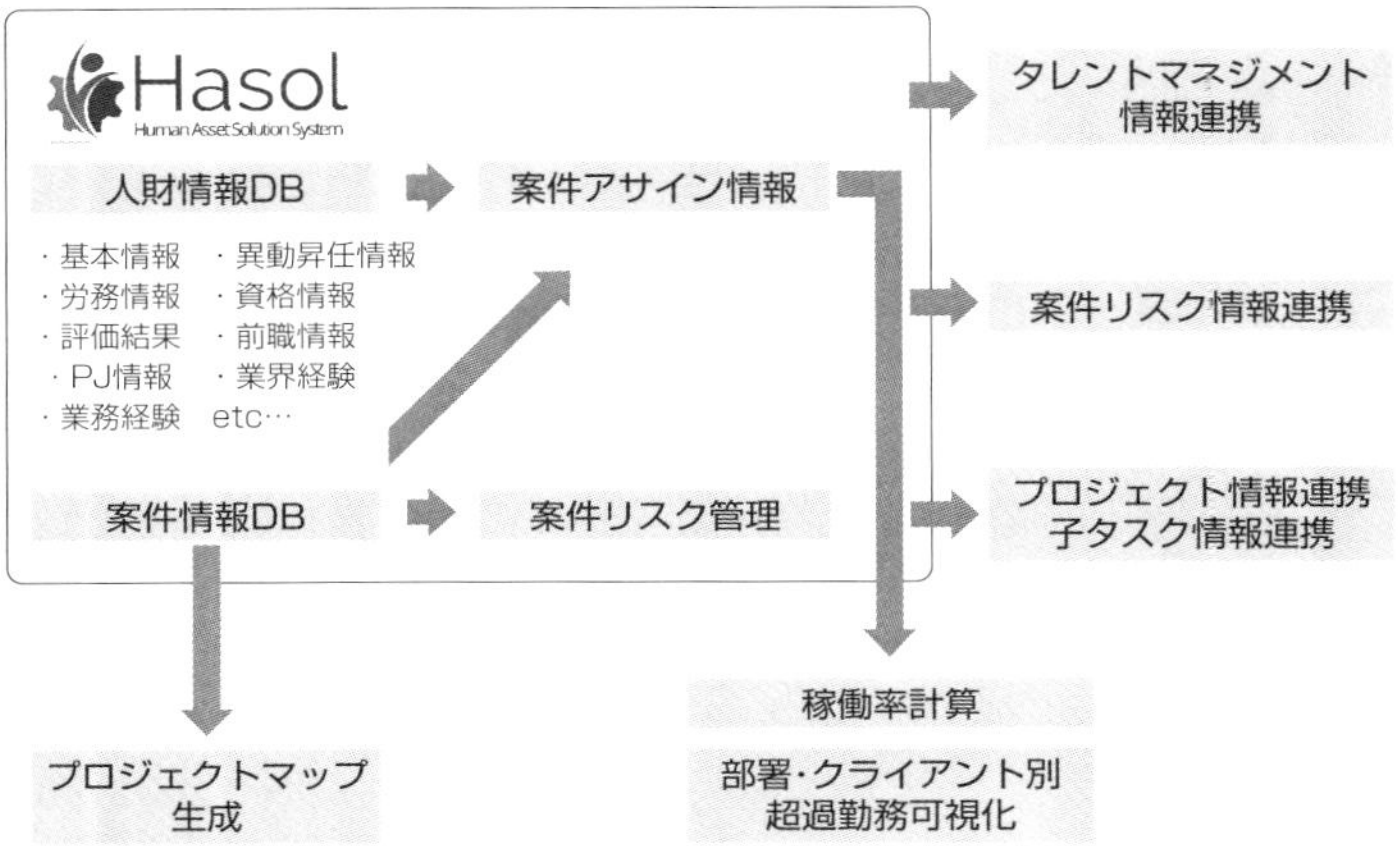


©Management Solutions co., ltd.

▶図表4-1　HASOLとその他のシステム関連図（初期）

フェイスとして表示させます。私も、日々の仕事で社員の話が出たときに、その社員の顔と名前、バックグラウンドを確認するのに使っています。カオナビのようなクラウドを導入したのは、人財に関するデータは大きく変わらないため自社開発のシステムでも対応できますが、インターフェイス部分はテクノロジーの進化に応じて変化するためです。

将来的にAI機能を搭載したクラウドソリューションが出た際にも、API連携を行うことで乗り換えることができます。常に、先を見越して計画をすることが、ITにはとても大事です。

KPIを可視化するTableau、電子署名システムのDocusignといったツールも数年前から準備してきて、ようやくいまその効果が

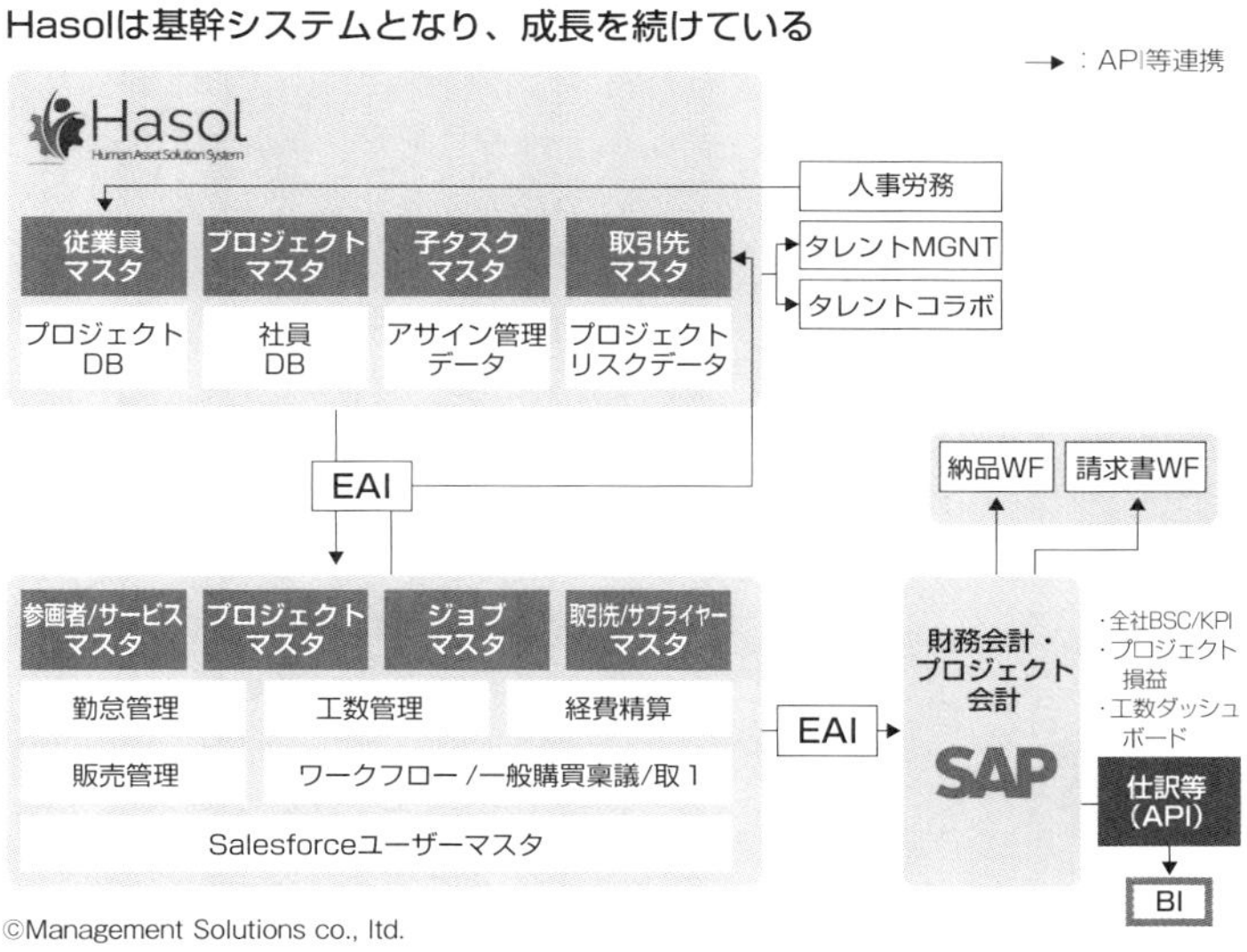


▶図表4-2　HASOLとその他のシステム関連図（現在）

出てきました。コロナ前から導入していたZoomもそうですが、企業は数年先を常に見据えて、社内システムを構築すべきだと思います。SAP®Business By Design®を導入したのも、将来的にグループ会社が加速度的に増えていくことを考え、ガバナンスを強化し、グループ経営管理の要として財務会計をしっかりと管理していく必要があると考えたからです。

## IT導入の歴史

冒頭で説明したように、MSOLは組織をつくっていく中でITを整備してきました。そこで、まずはMSOLがどのようにしてITを整備してきた

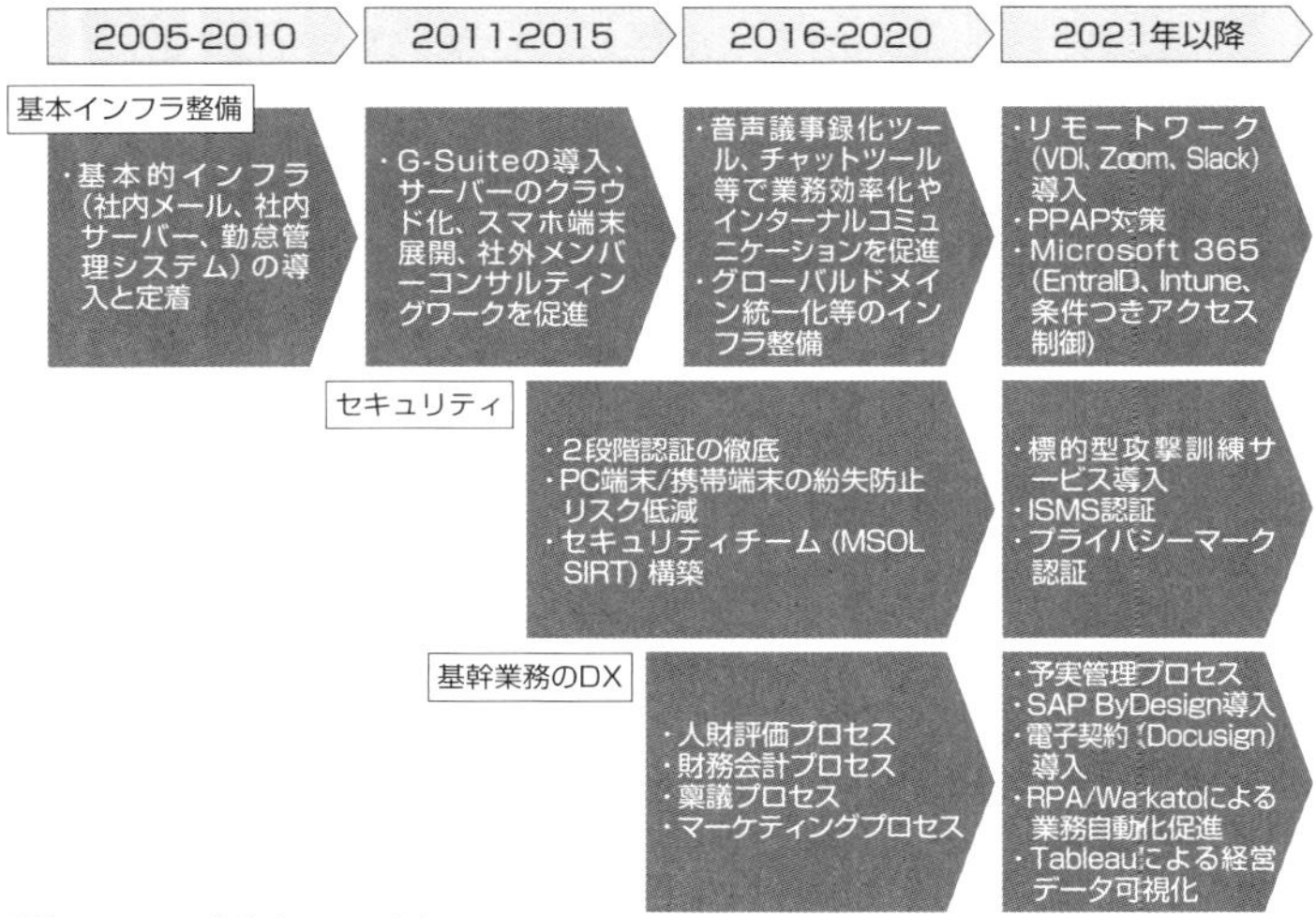


©Management Solutions co., ltd.

**▶図表4－3　MSOLのIT導入の歴史**

のかを時系列で説明します。MSOLのIT導入の歴史は、創業から２０１０年、２０１１～２０１５年、２０１６～２０２０年、２０２１年以降の４つに大きく分かれます。

**●創業～２０１０年**

最初に整備したのは、サーバーやメール、勤怠管理などの基本的なインフラです。創業後数年は社員数も少なかったこともあり、この頃はひとりの社員が管理していました。

**●２０１１～２０１５年**

クラウド化を進めたのは２０１１年頃からで、２０２０年代にはすべてをクラウドサービスに移行しました。クラウド化は東日本大震災がきっかけです。それまではサーバーを社内に置いていましたが、ＢＣＰの観点からまずいだろうということで、クラウドのソリューションを使うようにしました。サーバーのクラウド化、Ｇ－ＳＵＩＴＥの導入、スマホ端末の展開を促進したのもこの時期です。

セキュリティと利便性は両軸というモットーから、セキュリティの強化を始めたのもこの時期です。スマホによる本人認証と2段階認証を徹底し、端末紛失の防止策を立て、紛失時リスクの低減化を図ったというわけです。また、組織とは別にＭＳＯＬ ＳＩＲＴというセキュリティチームをつくったりもしました。

### ●2016〜2020年

２０１６年頃から強化しはじめたのが、基幹業務のＤＸです。人財評価、財務会計、稟議、マーケティングなどの基幹業務のプロセスを順次ＤＸ化していきました。

この頃になると、基本インフラ関連ではＡＩを用いた議事録のＰｏＣといった先進的な試みを進めたり、チャットツールによるインターナルコミュニケーションを促進したりしました。ＨＡＳＯＬを開発すると意思決定したのも、この頃です。また、グローバルドメインの統一化もこの時期に行っています。

そして、本格的にＩＴ部門を立ち上げ、現在のＣＩＴの原型となる組織が始動しはじめたのが２０１７年です。マザーズ上場が視野に入り、専任の部署が必要になったのです。社員数もまだ１５０人くらいでした。

ＩＴ部門はプロセス改善に重きを置くことが重要であるとして、「プロセス管理室」という部署名で新設することになりました。ＩＴ部門の部署名というのは、一般的には「情報システム部」とされることが多いですが、ＭＳＯＬではあえてその呼称は避けました。情シスというと、どうしてもインフラや運用的なイメージが先行してしまうからです。ＭＳＯＬのＩＴ部門が目指すのは、業務の最適化です。そこで、経営的な意思を込めて「プロセス管理室」としたのです。

２０１８年のマザーズ上場を機に、会社の業績は右肩上がりに成長していきました。その後、プロセス管理室は経営管理本部の傘下に入り、名称も「ＩＴ企画課」に変更となりました。さらにビジネス部門を含めて全社を巻き込んで社内全体のＩＴを変えていくということで、２０１９年に「コーポレートＩＴ部」（以下、「ＣＩＴ」）と現在の名称になりました。

### ●２０２１年以降

基本インフラ関連では、リモートワーク対応のツールを中心に先手先手で導入していきました。たとえば、Ｚｏｏｍは２０２０年の東京オリンピックに向けて導入しました。大会期間中は出社が難しくなり、ウェブ会議が中心になるだろうと考えたからです。ところが、そのタイミングで新型コロナによるパンデミックが発生。政府が発令した緊急事態宣言と外出規制で、引っ越して3日目にオフィスをクローズする羽目になりましたが、ＭＳＯＬはしっかりと準備してきたこともあり、速やかにリモートワークに移行できました。当時、一部の企業ではリモートワークを導入していましたが、企業のほとんどが、そして学校もリモートワークを想定していませんでした。リモートワークを導入していた企業であっても、全社員のリモートワークなどは想定外だったはずです。

また、セキュリティ対策とも重複しますが、現在、セキュリティ対策として不十分であるとされているＰＰＡＰ（Password Protected Archive Protocol：暗号化したファイルとパスワードを別に送るセキュリティ対策の手法）についても早めに対策しましたし、Microsoft IntuneとEntraIDの連携によって条件つきアクセス制御も可能となりました。セキュリティ対策に関して、いまではＩＳＭＳの認証やプライバシーマーク認証を取得、標的型攻撃訓練サービスも導入するなど、積極的に展開しています。

基幹業務のＤＸも日々進化しています。予実管理プロセスの自動化、前述したSAP Business By Design®やDocusignによる電子契約の導入、ＲＰＡやワークフローによる業務の自動化、Tableauによる経営データの可視化など、各種プロセスのＤＸ化を進めました。ほとんどはパッケージを導入していますが、人財管理だけはＨＡＳＯＬをハブにして、他のシステムとデータ連携しています。

ＣＩＴ発足当初はわずか３名だった人員も、２０１８年のマザーズ上場、２０１９年の東証一部変更を経て増員され、２０２４年現在で５つの課に17名が在籍しています。ただ、ＣＩＴの人員は右肩上がりで増員したわけでありません。発足から３年ほどは１年に１名増員する程度でした。この状況が変わったのは、東証一部に市場変更してからです。役割と業務が拡大し、それに合わせて人員が増えていきましたので、どちらかといえば、少ない人数で会社をサポートする少数精鋭のチームであるように思います。

## システム導入の基本方針

私はスマホだけで仕事をしたいと思っていて、ＣＩＴにも常々そう伝えています。ですから、ＣＩＴもそういう私の意向を汲んで、スマホなどのモバイル機器で経営情報を可視化して閲覧したり、分析したりするシステムやツールの導入を積極的に進めています。とはいえ、思いつきで導入したりはしていません。中期経営計画に合わせて、どういうプロジェクトを進めるかを期初に決定し、それに合わせて導入するようにしています。

現在の中期経営計画は、第1段階がノンコア業務プロセス最適化、自動化、ペーパーレス化推進、第2段階が各システムをERPで統合してデータ活用するための基盤整備で、現在は最終段階のMSOL Corporate ITパッケージ展開が進行中です。これは数千人規模でも耐えられるITガバナンスの構築を目指すというものです。

私は、去年と同じことをやっていたら衰退するという考えですから、毎年新しいことにチャレンジして、新しい仕組みを導入するようにしています。ですが、それは単にシステムを入れるということではありません。たとえば人事のシステムであれば、まずそのシステムが本当にタレントマネジメントのプロセスを改善するのか、他のシステムとの連携はどうかなどを検討します。そのうえで使えるのならば、導入します。

こうした新しいシステムや大きなサービスの導入は、すべてDX推進会議で決定します。現在の課題や課題解決にかかる期間などシステム導入のプレゼンをし、決裁が下りたら導入となりますが、費用対効果が出ないものや利用用途が明確でないものは却下となります。一方で、プロジェクトによっては、MSOLに役に立つとして予算額を増やすこともあります。逆に、ほとんど使われていないシステムがあれば、システム統合などを行い、コスト削減します。

システム導入において重要なことは、それが長期的なMSOLグループの成長に耐え得るものであり、業務プロセスを改善するものであることです。なぜなら、業務プロセスの一部として機能し、業務プロセスの改善につながらなければ、最終的には使われなくなってしまうからです。そこで、ＭＳＯＬではシステム導入に際しては、現場手動でのシステム導入ではなく、常に経営主導でシステムを導入するようにしています。たとえば、営業部が営業のプロセスが困っているからＳＦＡを導入するとなりがちですが、ＭＳＯＬでは決してそうはしません。ＳＦＡを導入する目的や効果を経営側がしっかりと判断し、その結果、必要と意思決定したのであれば導入します。数年後のＭＳＯＬを見据えたシステムを構築するには、目の前の仕事を楽にするためのシステムではなく、経営課題を解決するためのシステムでなければならないのです。

システムの導入には、どうしてもスイッチングコストが発生しますが、それを抑えることも重要です。それには、将来的なニーズや技術の進歩を見据えて長期的に使えるツールを選定するとともに、頻繁なツール変更を避けます。数年先のＭＳＯＬのビジネスを効率的に運用するために導入するのだと、考えることが大切です。

もうひとつ、社員の心理的なスイッチングコストを抑えることも大切なポイントです。システムが変わることで、従業員の心理的コスト（精神的な負担）が大きくなることがありますが、次の３つに配慮することで心理的なスイッチングコストは抑えることができます。

①システム変更によって得られるリターンや付加価値について十分な説明をする
②導入期間を十分に確保し、急に変わることがないようにする
③ユーザーマニュアルを充実させる

ＭＳＯＬは、今後も成長し続けます。通常、企業が成長し、組織が大きくなると、従業員が増え、それに比例してコーポレート部門の人員も増えます。ですが、それは問題です。ＭＳＯＬでは、人員増による解決ではなく、仕組みで解決しようと努力します。そして、それにはＩＴの力が必須です。ＩＴを活用することでプロセスを再設計すれば、業務の透明性が向上し、役割と責任範囲が明確化され、効率化と自動化が進むからです。企業フェーズに応じた集中と分散を繰り返すことで、システムの肥大化を防ぐことができるのです。

私はシステムの導入よりも、プロセスの改善に重きを置くことが重要だと考えており、常に周囲にも話しています。それは、ＣＩＴを創設した際の部署名にも現れています。詳しくは次節で説明しますが、創設当初にＣＩＴを「プロセス管理室」と名づけたのは、プロセスの観点から業務改革をしていくという、経営者からの強い意志を汲み取って行動する組織にしたかったからです。

## 社内PMOの存在がMSOLの強み

CITは、社内のITサービスマネジメント全般を管理する情報システム課、情報の可視化や経営層に対する意思決定支援をするデータマネジメント課、開発など社内SEの役割を担うエンジニアリング課、グループ全体のガバナンスやセキュリティなどインフラ機能を全般的に強化する次世代インフラセキュリティ推進室、社内PMOが在籍するプロセス管理課で構成されています。

この5つの課の中でプロセス管理課は、MSOLの強みともいえる部署です。たとえば、ERPの導入プロジェクトのような全社プロジェクトは導入コストも数億円単位になりますし、多くの部署を横断したりします。このような大きなプロジェクトでは、社内とはいえ、やはりPMOがいたほうが円滑に進めることができます。そこで、MSOLでは社内プロジェクトにプロセス管理課に在籍するPMOがジョインし、一緒にプロジェクトを進めていくというやり方をしています。なお、プロセス管理課がCITに属しているのは、CITがもともとプロセスを改善するという思想で生まれた組織であり、MSOLではITが主体となってプロジェクトを回していくことが結構あるからです。もちろんプロセス管理課に在籍するPMOは、PM事業部でPMOを経験してきた社員たちです。おそらく他社にはこういう部署はない、MSOLならではの特徴だといえるでしょう。

## MSOLの文化にマッチしたIT人財の採用

### 上場で増えた応募者

上場したいまは知名度も上がり、毎日のように応募もありますが、上場前は会社としてまだ小さかったこともあり、IT人財はまったく採用できませんでした。そこで、当時のCITの部長は社外の勉強会で事例発表したり、大学の後輩やサークルのつながりから採用活動をしたりしていました。

それが大きく転換したのは東京ミッドタウンの現在のオフィスに移転し、マザーズに上場してからです。オフィスが立派になったというのも結構大きな要素ではありますが、MSOLが攻めのIT投資を実践していることや、CITが経営層と近い位置にいることもアドバンテージになったようで、しだいに応募者が増えました。IT部門は経営層とは遠い位置にあることも多く、企業によってはＩＴ投資に消極的なこともありますから、経営層と近い位置で仕事をして、自分の意見が会社全体に影響を与えられるポジションにあるというのは魅力的に見えるのでしょう。

応募が増えたのはいいのですが、今度はＭＳＯＬの文化にマッチする人財を見つけるのが難しくなってきました。それまでは熱意があり、やりたいことがＭＳＯＬで実現できるから、業務内容に魅かれたからという応募動機が多かったのですが、知名度や会社の規模が大きくなるにつれて、それが徐々に薄くなってきたのです。

ＭＳＯＬでは自分の領域に線引きをせずに、他人の領域にまではみ出してこそ、ＭＳＯＬのＰＭＯだという考えがあります。ＰＭＯはいい意味でおせっかいなので、相手に対して意見を述べたり、やり方を提示したりして、自分から率先して仕事を取りにいきます。しかし、大手企業から転職した人の中には自分で壁をつくり、自発的な行動を取ることができない人もいます。でも、それはＭＳＯＬのやり方ではありません。ですから、そういう人はたいていの場合すぐに退職してしまいます。ＭＳＯＬのコアバリューとミスマッチしているからです。これはもうマインドの違いとしかいいようがありません。そこで、なるべくＭＳＯＬの文化に共感できる人を採用するために、採用基準を変更することにしました。

その採用基準というのが、コアバリューです。ＭＳＯＬの文化を言語化したコアバリューに合う人ならば、ＭＳＯＬのやり方にも合うはずです。そこで入社を希望する人に、コアバリューに沿った行動を取ったことがあるのか、それはどのような行動なのか、コアバリューの中では何を重視しているのかといった実体験を面接で語ってもらうようにしました。たとえば「失敗を恐れるな」であれば、経営層や上長に対しても恐れずにどんどん自分の提案をしていけるか。「言葉に信念を持て」であれば、自分の意見をしっかり持って発言するという意識を持っているか。そういうコアバリューに関係した体験談によって、ＭＳＯＬの文化に合う・合わないを判断するというわけです。

ただし、この方法はミドルマネジメント層の採用では難航しました。ミドルマネジメント層は世間的な需要が高く、売り手市場だからです。もちろん、少ないながらも応募者はいましたが、優れた技術スキルを持っていても、ＭＳＯＬの文化にマッチしないことも多く、長期的な雇用につながりにくかったのです。そこで市場価値が上がり、履歴書がカッコよくなるような業務経験を積むことができることを口説き文句に、面接時ではＣＩＴが目指すべき方向性をパワポでプレゼンしたりしています。これも、応募者の入社意欲を高めるためです。こうした努力が実り、いまではＭＳＯＬのコアバリューにマッチした、モチベーションの高い社員を採用することができるようになりましたし、社員も自己実現の達成とキャリアビジョンに合った仕事を通じて、自分の夢や目標を達成する喜びを感じることができるようになったと思っています。

## CITの組織構築

ミドルマネジメント層の採用に難儀していたことから、一時、若手のポテンシャル採用を積極的に行っていました。しかし、彼らは知識や経験が少ないことから、細かい指示を与えないと間違った判断をしてしまいます。しかも、CITには課長といった中間管理職が不足していたことから、結果としてマイクロマネジメントをすることになり、それがメンバーのモチベーションを下げ、離職につながることもありました。

中間管理職が不足しているということは、部長が課長を兼務することが常態化し、すべての判断と権限が部長に集中するということです。裏返せば、部長の意思決定がすべてになるということです。その結果、部長の業務負担が増えて意思決定が遅延したり、社員間のコミュニケーションが不足したりといった問題を引き起こしました。いまは中間管理職を育成して権限移譲し、体制強化を図っています。

## MSOLにおけるIT人財のキャリアデザイン

人員が増えたことで新たな課題となったのがキャリアパスです。MSOLはプロフェッショナルサービスを提供するコンサルタント会社ですから、評価制度もキャリアパスも基本的にコンサルタント向けのものしかありません。つまり、昇進するとマネジャーになるというキャリアパスです。

しかしエンジニアの中にはずっと開発をやっていきたい、マネジャーになりたくないという社員もいます。そこで、エンジニアとしての専門性を追求していくキャリアパスとマネジャーとしてチームをリードするキャリアパスというように、エンジニア向けのキャリアパスを用意することにしました。

これまではほとんどがマネジャー希望でしたが、いまは逆にマネジャーではなく、エンジニア志向の社員が増えています。会社としてはマネジャーとして進んでもらいたいという期待もあります。そこで、彼らには次のようなアドバイスをして、自分自身でキャリアの方向性を決めてもらうようにしています。

- 長期的なキャリアビジョンとして、将来の目標を明確に定めるように促す
- 自己の強みと興味がどちらのキャリアパスに合っているかを見極めるようにと促す
- 私生活とのバランスを含め、どちらがストレスなくＭＳＯＬに貢献していけるのかを検討してもらう

ＭＳＯＬは、自律的キャリア形成を掲げています。「自分自身の立てた規範に従い、自分の意志によって自分の人生を描き、実現していくこと」を実践している会社です。キャリアの形成に正解はありませんから、それぞれの価値観を大切にして歩んでいけばいいと考えています。

## CITの今後のビジョン

ＣＩＴの今後のビジョンは４つです。１つ目はデータドリブン文化の醸成、２つ目はエンタープライズアーキテクチャの再構築、３つ目は組織力とブランド力向上、４つ目は情報セキュリティ強化とコストの最適化の両立です。

- **データドリブン文化の醸成**：データにもとづいて戦略立案や施策実行をするデータドリブン文化を推進する。データ基盤を構築してデータの一元管理を進め、タレントマネジメントの一環としてアサインマッチングやタレントマッチング、財務予測をＡＩで行う
- **エンタープライズアーキテクチャの再構築**：３０００人規模の企業に耐えられるようにシステムを再設計し、エンタープライズ企業にふさわしい社内システムを構築する。業務負

荷削減、業務フロー改善、ＥＲＰなどのシステムに業務を合わせる形の業務の標準化を目指す

- **組織力とブランド力向上**：生産性の高いコーポレート部門にするために、ＩＴリテラシーの向上を図る。また、ＣＩＴの魅力を外部発信することで転職市場におけるＭＳＯＬのＣＩＴブランド力を高め、優秀なＩＴ人財を獲得する
- **情報セキュリティ強化とコストの最適化の両立**：グループ全体のセキュリティとガバナンスを強化しつつ利便性を高める

重要なことは、システムの導入よりも、どうすればプロセス改善につながるかを考えることです。

## データを生かし、未来を創るＭＳＯＬ特化型データマネジメント

21世紀になり、クラウドコンピューティングやモバイル技術、ビッグデータ、ＡＩなどの

新しい技術が次々と登場しました。私がいま、ＣＩＴにリクエストしているのは、リスクリストや過去の財務状況といった多種多様なデータベース情報から将来のＭＳＯＬの業績予測をＡＩで分析するシステムです。

たとえば、半年先の財務状況を予測するといったようなものです。将来的にはそういうシステムが経営を支援するようになるのではないかと思っていますし、その基礎はできていると見ています。真のエンタープライズ企業を目指し、１００年後、そしてその先までＭＳＯＬが発展していく環境を支え、イノベーションが促進される組織づくりをしたいと思っています。

# 第5章

# KPIとバランス・スコアカード

## 非財務ＫＰＩ活用の歴史とバランス・スコアカードへのつながり

グローバル化の進展とインターネットの普及によって、ビジネス環境は１９９０年を境に大きく変貌しました。それまでのアメリカ企業の経営の主流（特に80年代）は、財務分析を中心とした状況把握によって意思決定を行うというものでした。しかし、財務データは過去の情報です。それをいくら分析しても将来を予測するのは難しく、新たな経営手法が望まれていました。

いかに早く意思決定をしていくか。いかに打ち手を臨機応変に変えていくか。そのための指標（ＫＰＩ：Key Performance Indicator）として活用されるようになったのが非財務指標（以下、「非財務ＫＰＩ」）です。以降、非財務ＫＰＩは財務指標に代わって、日々の現場での活動や組織的な活動におけるモニタリング指標となります。

非財務ＫＰＩは、80年代における日本企業の研究にもとづき、組織力を高めるためにも活用されるようになりました。「学習する組織」で有名なピーター・センゲは、*The FIFTH*

*DISCIPLINE*（邦訳『最強組織の法則――新時代のチームワークとは何か』徳間書店、1995年）において、ビジネスの組織と人間の行動、学習する組織について論じています。いかに組織内のコミュニケーションを円滑にし、一枚岩にすることで組織的学習を促し、強い組織を構築するか。そのためには数値にもとづくコンセンサスビルディングが必要であり、そのひとつとして非財務KPIが注目されたというわけです。

数値にもとづくコンセンサスビルディングが求められるようになった背景には、結果責任だけでなく、説明責任も問われるようになってきたことも関係します。特にアメリカ企業では、売上げ・利益に対する結果責任だけでなく、利益下落やコスト増、売上げが伸びない要因などの説明責任を問われるようになりました。さらには$CO_2$の削減量などコーポレートガバナンス上、財務的な数値による説明だけでは投資家の理解を得られなくなったということもあります。

この非財務KPIがどのように財務KPIに結びついているか、その因果関係を明示し、活用するための経営理論として誕生したのが、後述するバランス・スコアカードです。ここでは、まずKPIについて説明します。

## KPIとは何か

ＫＰＩは、モニタリング指標のひとつです。「どのレベルで達成するか」を定量的に測るための指標で、売上高や利益額といった財務関連の成果を実現するための中間目標として、新規顧客の獲得数や営業職員１人当たりの契約件数といった業務遂行上の指標として定めます。

ところで、ＫＰＩを目標やゴール、成果を図る指標や個人を評価する指標として捉えることがありますが、評価する際には特にその目的について注意しなければなりません。ＫＰＩの本来の目的は、あくまでも最終ゴールに向かうモニタリングの指標であり、途中経過を測っていくことです。ですから"Key"（鍵）となる、"Performance"（実行状況）の"Indicator"（指標）なのです。たとえば、日本では受験のための模擬試験を受けると必ず偏差値が出ますが、偏差値は受験者の中でどのくらいの学力があるのかを示す値です。現在の実力を示しているに過ぎず、ゴールではありません。ゴールは希望校の合格であり、模擬試験での偏差値を高くすることではないからです。しかし人はどうしても、それがゴールというように思い込んでしまうものです。企業経営も同じです。最終的には財務数値をより良くすることがゴールであり、それに向けて日々の経営活動を通じて売上げや利益を上げられているかをモニタリングします。ＫＰＩは、そのモニタリングのための指標なのです。ＫＰＩを活用するには、このことを理解することが大前提です。

なお、途中経過のモニタリング指標とゴールとしての指標を分けて考えるときには、モニタリング指標をＫＰＩ、ゴールとしての指標を「ＫＧＩ（Key Goal Indicator）」と表現することもあります。キー・ゴール・インジケーター、最終的なゴールということですが、一般的にはＫＰＩで一本化することが多いです。

少し古い事例ですが、ここでスターバックスとマクドナルドのケースを紹介しましょう。

スターバックスが日本に第1号店となる銀座松屋通り店をオープンしたのは１９９６年のことでした。それから約30年、店舗数は１９１７店にまで増加しました（２０２４年3月末現在）。スターバックスの成長要因はさまざまありますが、その一因に覆面審査官による店舗訪問があります。店舗のクオリティを改善するために、覆面審査官が実際に顧客となって、売上げに直接つながる接客状況、トイレや店舗内の清掃状況、お客様の待ち時間などを一つひとつチェックするというものです。スターバックスでは、覆面審査官による評価状況を見て、数か月先の売上げを予測しているといわれていますが、それを可能にするのが全世界共通のＫＰＩです。ＫＰＩをつくり上げ、傾向分析ができているからです。マクドナルドも、ＰＯＳレジを導入した約40年前から店舗別・日時別の集客状況や商品ごとの販売状況を分析し、日々の仕入れ量や時間単位ごとの生産調整を行っています。この2社に代表されるように、アメリカ企業では何十年も前から、ＫＰＩを日々のモニタリング指標として使い、売上予測を立てて改善する係数管理による経営を行っています。

## ＫＰＩは最終ゴールに向けてつながっている

ＫＰＩとは何かを、コーヒーショップとファストフードという身近な例で説明しました。しかし、ＫＰＩは飲食業に限定されるものではありません。業種・職掌に関係なく、あらゆる企業活動に使われています。ここでは考えやすくするために、「業務・組織関連」「生産性・品質・マーケティング関連」「財務関連」の３つのカテゴリーに分けて、ＫＰＩの例を説明します（図表５－１）。

業務・組織関連のＫＰＩは、日頃の業務や組織の状況をモニタリングするための指標です。営業であれば、今月、新規顧客を何件開拓したか、お客様を何回訪問したかなどが当てはま

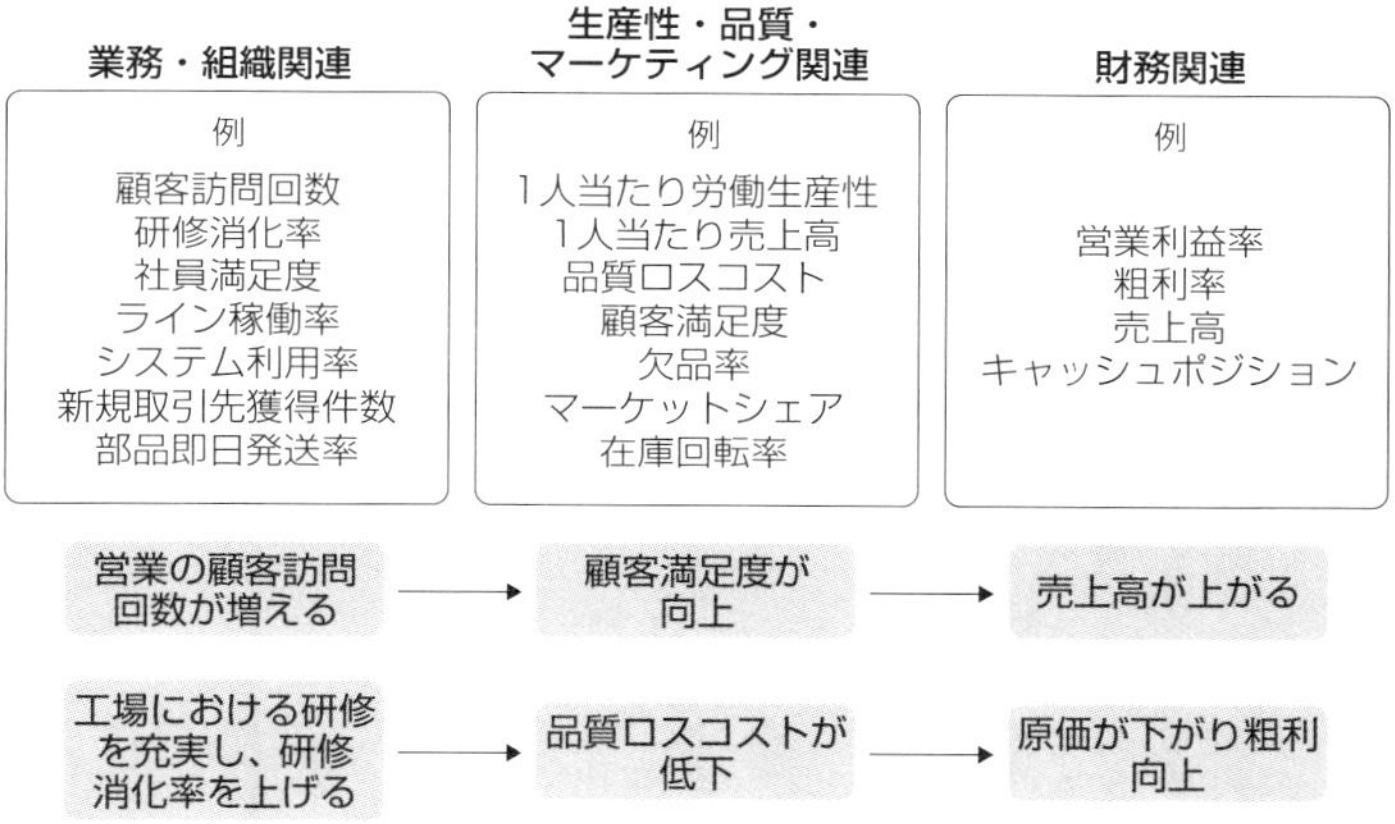


©Management Solutions co., ltd.

▶図表5-1　企業活動におけるKPIの例

ります。組織ならば、たとえば組織の成長を測るために研修の消化率があります。少し話が脱線しますが、批判的な人は「会社の人事がつくり上げたプログラムをいくら研修として消化しても、組織力は向上しない」というかもしれません。しかし、一般的に研修は社員の成長のために用意されているものです。ですから、研修を評価することは組織の成長に寄与しているかというひとつのモニタリング指標になります。

　また、昨今の人手不足の状況下で離職率を低下させるためには、社員満足度も重要です。現在の仕事における満足度をモニタリングし、数か月先の離職状況を予測するのです。他にもありますが、すべて業務と組織がいまどのような状況かをモニタリングすることで将来の利益を予測するものであるといえます。

生産性・品質・マーケティング関連でよく使われるＫＰＩは、在庫回転率や１人当たりの労働生産性などです。１人当たりの労働生産性は売上げを労働時間で割ることもありますし、利益率を高めていくためにモニタリングすることもあります。いずれにしても、重要なＫＰＩです。

財務関連のＫＰＩは、最終的なゴールとなるようなＫＰＩです。一般的には、売上高に加え、営業利益率や粗利率といったＫＰＩを置きます。もちろん、売上高のみをＫＰＩとして設定することもありますが、その場合の最終ゴールは商品別売上高や新製品の売上高にします。

わかりやすくするためにカテゴリー別にＫＰＩの例を紹介しましたが、ここで重要なのは、最終ゴールに向けた施策と各ＫＰＩがつながっているということです。たとえば、売上高を上げるには、まずお客様の満足度を向上しなければなりません。そして、お客様の満足度を上げる方法のひとつに、営業の顧客訪問回数があります。このように、売上高向上という最終ゴールと「顧客満足度」と「顧客訪問回数」というＫＰＩは相関しています。

一般的に、経営を行ううえで、あるいは営業活動や生産活動を行ううえで、最終ゴールに向けて必要な施策を打ちますが、それぞれの活動が本当につながっているのかをしっかりと

| 視点 | 成功要因 | 業績評価指標 |
|---|---|---|
| 財務 | 売上高の拡大 | 売上高成長率 |
| | 利益率向上 | 売上総利益率 |
| | | 営業利益率 |
| | | 経常利益率 |
| | | 外注費率 |
| | | 1人当たり売上単価 |
| | | 1人当たりの採用コスト（公募） |
| | | 1人当たりの採用コスト（紹介） |
| | | キャッシュフロー |
| | 資産の有効活用 | ROA |
| | 株主価値向上 | ROE |
| 顧客 | 顧客満足度の向上 | 顧客満足度 |
| | 新規案件（顧客）の獲得 | 引き合い人数 |
| | | 引き合い件数 |
| | | 案件契約件数 |
| 業務 | 人財の獲得 | 応募者数（公募） |
| | | 書類通過人数（公募） |
| | | 書類通過割合（公募） |
| | | 応募者数（紹介会社） |
| | | 書類通過人数（紹介会社） |
| | | 書類通過割合（紹介会社） |
| | | 社員増加数 |
| | | 応募から内定の日数 |
| | 従業員満足度の向上 | 1人当たり月労働時間 |
| | | 稼働率 |
| | | 有給消化率 |
| | | 離職率 |
| | | MSG United参加率 |
| | 従業員のスキルアップ | 研修受講日数 |
| | | PMP取得者数 |
| | | TOEIC平均点 |
| 知名度 | 会社のブランド力の向上 | 会社HPアクセス数 |
| | | メディア掲載数 |
| | | メルマガ登録者数 |

©Management Solutions co., ltd.

▶図表5-2　弊社のKPIリスト（2014年頃）

考える必要があります。

なお、ＫＰＩを実際に運用していくには、まずはその定義を行います。参考として、ＭＳＯＬが昔使っていたＫＰＩを定義したリストを図表５－２に示します。図表にはありませんが算出式の例を設け、たとえば有給消化率ならば、年間の有給日数に対して何日消化したかという計算式を入れることもあります。

## KPIを使いこなす3つのポイント

ここまでで、ＫＰＩがどういうものなのか、かなりイメージできたのではないでしょうか。しかし、これだけではＫＰＩを使いこなすことはできません。ＫＰＩを使いこなすには、次の３つのポイントに注意する必要があります。

1. 〝つながり〟を考える
2. 数値化することで納得感が増す
3. 利用者が理解できるＫＰＩでなくてはならない

## ポイント1　〝つながり〟を考える

「〝つながり〟を考える」とは、最終ゴールに向けた施策と各ＫＰＩが本当につながっているかを考えるということです。顧客訪問回数でいえば、単にモニタリングするだけでなく、毎月あるいは毎週といった周期で定期的にモニタリングし、その結果を数値で把握して、顧客訪問回数というＫＰＩが本当に売上げにつながっているのかどうかを確認するということです。

ＫＰＩは途中経過をモニタリングする指標といいましたが、それだけではありません。つながりを施策の打ち手や日々の業務の打ち手、あるいは経営的な施策を変えていくためにも使います。たとえば、毎日顔を見せないと発注してくれない顧客がいるとします。そうなると、売上げを上げるには訪問回数を増やさなければならず、営業の活動時間が伸びて残業が増えてしまいます。最近では残業抑制の圧力が強くなっていますから、負担を減らすには新たな人材を雇う必要があります。しかし、新しい人を雇っても教育に時間がかかり、提案の内容にもばらつきが出たりします。結果としてコストがかさみ、売上高は上がっても利益率が下がってしまうこともあるでしょう。こうしたつながりをＫＰＩでしっかりと確認することで、より説得力のある状況把握ができます。

他の例も考えてみましょう。たとえば、ある工場が品質ロスコストを低下させるために、20代の社員に研修を受けさせて、品質チェックができる人財を増やし、生産性を高めようという施策を考えたとします。品質ロスコストの低下によって原価が下がり、粗利が増えるだろうという前提です。工場には100人の社員がおり、そのうちの3割が20代で研修対象です。しかし、3割が研修を受けるとしたら、工場で働く時間が減り、生産量は減ります。そうなると欠品が増加し、売上げが下がることも考えられます。実際にはそこまで研修に時間を使うことはないかもしれませんが、粗利を上げるという施策が財務的な結果につながるかは明確ではありません。

KPIを使わないでこの施策を議論すると、皆が「何となく」意見をいうだけになる可能性があります。特に研修に関して、部下を研修に参加させると働く時間が減り、生産性が下がるために、現場の上長としては行かせたがらないものです。一方、人事はこれだけ研修プログラムをつくり、これだけ予算を積み上げているのだから消化してほしいと要求する。研修が人事の考えている組織力を向上させることを目的にしているということが、現場に伝わっていないのです。そういう場合、実際に工場の稼働率が減少して欠品が出るかをモニタリングすると、あっさりと解決したりします。KPIで数値化することで説得力が増しますし、全体のつながりが見えてくるからです。

日本企業の多くが、さまざまなプロセスを「何となく」や「昔からやっているから」という理由で続けています。しかし、ＫＰＩを使って数値化し、「本当にそのやり方が正しいのか」をモニタリングすることで、より説得力のある経営活動を行うことができるようになります。

**ポイント2　数値化することで納得感が増す**

最終ゴールに向けた施策と各ＫＰＩが本当につながっていることを確認したら、ＫＰＩを数値化します。数字には説得力があり、より理解を深めてもらえるからです。一方で、数値化に抵抗感を感じる方もいます。そこで、ここでは誰もが知っている「風が吹けば桶屋が儲かる」の理屈で考えてみます。この理屈は次のとおりです。

1. 大風で土ぼこりが立つ
2. 土ぼこりが目に入って、盲人が増える
3. 盲人は三味線で生計を立てるために、三味線を買う
4. 三味線に使う猫の皮が必要になり、猫が減る

5. 猫が減ればネズミが増える
6. ネズミが桶をかじる
7. 桶屋の需要が増え、桶屋が儲かる

土ぼこりが目に入っただけで目が見えなくなる人が増えるなど、首をかしげたくなるような理屈もありますが、「江戸時代なのでそんなこともあるよね」と、何となく理解した気になっているかもしれません。実は経営も同じで、「何となく理解」していることが多いのです。でも、その「何となく理解」は本当に正しいのでしょうか。そこで、実際に数値化してみました。「風が吹けば桶屋が儲かる——数値化版」です。

1. 最大瞬間風速30メートルの風が、乾燥地帯で1日5回、3か月にわたって吹いた（台風みたいな風が毎日毎日3か月も吹いた）
2. 0・1ミクロンの極小の砂が目に入り、炎症を起こす患者が後を絶たず、人口30万人の地域で患者数が1万人を超えて、うち3000人が盲人となった

3. 当時、盲人が就く仕事は三味線弾きしかなく（江戸時代なので）、3000人のうち80％以上が三味線を購入した
4. その地域の三味線の在庫は300しかなく、残り2100の三味線を生産するために2100匹の猫の皮が必要になり、猫が減った
5. その地域で5000匹いた猫が2900匹になり、ネズミが10万匹から50万匹に激増した
6. 10万世帯のほとんどで使用されていた桶のうち3万世帯で被害が出た
7. 年間3000個だった桶の需要が、一気に3万個以上のオーダーが入り、桶屋が儲かった

このように数字で示すと、人間は「なるほどな」と納得します。この不思議な感覚、これが「数字の魔力」です。「風が吹けば桶屋が儲かる――数値化版」は数値化することで納得する好例だと、私は思っています。

## ポイント3　利用者が理解できるKPIでなくてはならない

ＫＰＩを数値化することで納得感を増すということは理解できたと思います。このように、ＫＰＩは利用する誰もが納得できるように定義しなければなりません。顧客訪問回数でいえば、昭和の時代に多かった「足で稼ぐのが営業だ」と思っている人たちには、「顧客訪問回数」というＫＰＩを用いることに十分な納得感があるでしょう。一方、「オンラインでいいじゃないか」と思っている20代は、多分ピンとこないと思います。そのくらい、ＫＰＩをどのように定義するかは重要なのです。

数値化も同じです。納得感のある数値を定義する必要があります。たとえば、偏差値教育を受けてきた日本人ならば、偏差値が70といわれれば「すごいね」、60ならば「まあまあ」、30だったら「勉強できなかったんだね」と思うはずです。これには、「模擬試験で偏差値が高いと良い大学に入れる」「良い大学に入れたら、良い会社に入れて人生幸せ」という価値観のＫＰＩがあり、それが「偏差値が高くなるようにがんばる」につながります。

ＴＯＥＩＣも同じで、そのつながりは「ＴＯＥＩＣが高いと英語ができる」という評価になります。ですから、９５０ならば「ネイティブ並み」、７００ならば「がんばればしゃべれるようになる」、４００だったら「全然できないよね」と、ＴＯＥＩＣを受けたことがある人ならばすぐにわかります。

最後はゴルフの例です。ゴルフをやっている人は知っていると思いますが、ゴルフには14回のティーショットのうち何回フェアウェイを捉えることができたかを示す「フェアウェイキープ率」という指標があります。フェアウェイキープ率が高いとパーやバーディーを取れる確率が上がり、ゴルフがうまいという評価につながります。たとえば、2024年男子プロ1位のスコアは79・91％、男子アマチュアの平均スコアは22・12％ですが、こういわれても、この数字にピンとくるのはゴルフをやっている人しかいません。

つまり、KPIは、その定義を使う人みんなが腹落ちしていないと使いこなせないのです。裏返せば、KPIを使いこなすためには、使う人全員にKPIの定義を理解してもらわなければいけません。前述したように、我々日本人は偏差値教育を受けてきたので、偏差値というKPIを知らず知らずに身に着けています。同じように、KPIの定義を組織内に浸透させていくには、組織内で何年も使い続けなければいけないのです。

この30年間でIT活用はより容易になり、データも飛躍的に収集しやすくなりました。いまでは当たり前のように、企業にシステムが導入されていて、パソコンだけでなくスマートフォンからでも、いつでもどこでも情報を得ることができます。ITの進化によって、情報は一元化しやすくなり、KPIも活用しやすくなりました。読者の皆さんも、ビジネスにぜひKPIを活用してほしいと思います。

## バランス・スコアカードの歴史

繰り返しになりますが、ＫＰＩは途中経過のモニタリングを目的とした指標です。ですから、そのままではＫＰＩのつながり合いや、ＫＰＩが最終的なゴールに寄与しているかどうかはわかりません。そうしたつながりを、ロジックツリーを使って説明していくためのテンプレートがあります。それが「バランス・スコアカード」です。

バランス・スコアカードは、ハーバード・ビジネススクール名誉教授のロバート・Ｓ・キャプランとコンサルタントのデビッド・Ｐ・ノートンが提唱した、「財務」「顧客」「業務プロセス」「学習と成長」の視点から業績をＫＰＩと呼ぶ指標を用いて可視化し、戦略的目標を達成するための経営手法です。「財務」の視点では企業の収益や利益などの財務的指標を可視化し、「顧客」の視点では顧客満足度や市場シェアなどの顧客関連のＫＰＩで可視化します。「業務プロセス」の視点では内部プロセスや業務効率などのプロセス関連ＫＰＩ、「学習と成長」の視点では従業員のスキルや組織のイノベーション能力などの成長関連のＫＰＩ

で可視化し、戦略目標に向けてモニタリングを行います。

その彼らの共著『バランス・スコアカード――新しい経営指標による企業変革』（生産性出版、１９９７年）が日本で翻訳出版されたとき、私はとても感銘を受けました。彼らは従来の財務指標だけでなく、顧客、プロセス、成長と学習といった他の視点も含めたバランスの取れたパフォーマンスの重要性を強調し、多くの組織に影響を与える革新的なアイデアを提供しました。

バランス・スコアカードが生み出された背景を簡単に紹介します。バランス・スコアカードが提唱された90年代初頭、アメリカの企業状況は大きな変化の波に直面していました。いわゆる金融工学が80年代に広がったことで財務ＫＰＩ重視の経営が行きすぎ、それだけで企業のパフォーマンスを評価する方法に疑問が持たれるようになっていたのです。１９７９年に出版されたエズラ・ヴォーゲル著『Japan as No.1』（ＣＣＣメディアハウス、２００４年）でも述べられていた日本的経営について、アメリカの経営学者は研究を重ねていたといわれています。その意味では、日本の経営手法を抽象概念でフレーム化したともいえます。

付章に内容を載せていますが、私は大学時代から日本的経営を研究し、その根源的な強さは維持すべきだと考えていました。20代で経験したコンサルティング会社での日本の経営状況を知ると、当時の日本企業には、阿吽の呼吸による意思決定、何も決めることができない長時間の会議、根拠のない鶴の一声による意思決定などの組織的な意思決定における課題がありました。定量的なモニタリング結果から意思決定を迅速に行う経営手法は、日本企業にとって救いとなるのではないかと考え、この理論に飛びついたのです。企業が総合的かつ戦略的なＫＰＩでモニタリングすれば、組織全体の目標に向かい一体となって取り組むことができると考えたのです。

# バランス・スコアカードの基礎理論

## バランス・スコアカードの４つの視点

バランス・スコアカードの特徴は、視点を「財務」「顧客」「業務プロセス」「学習と成長」の４つに分けてＫＰＩにブレークダウンするという手法にあります。

前述したように、80年代は日本企業の競争優位が最も高まった時代でした。そのため、ドラッカーをはじめとする多くの研究者が、日本企業の経営を研究しました。同時に、80年代はMBAがかなり重宝された時代でもありました。ただし、当時は詳細に財務分析することで企業の業績を評価していくという手法が主流です。しかし、いくら財務を分析しても、その企業の本当の価値はわかりません。なぜなら、財務は過去の結果でしかないからです。極端な話、今日決算発表が行われたとしても、その数字は数か月前の状況を示す数値でしかありません。

何が未来を予測するのか。それはお客様が満足すること、つまり顧客の評価です。どのような企業であっても、お客様がいる限り、顧客の評価というのがまずは重要となります。そのお客様の満足を得るために必要なのが業務プロセスです。つまり、顧客満足度を高めるには、効率的に業務プロセスを実行する必要があります。

一方、業務プロセスを行う主体は社員であり、組織です。つまるところ、これは人と組織をいかに成長させるかという投資の話に行きつきます。人と組織に投資することで、サービスや商品が生み出され、それがお客様の満足につながり、結果として売上げにつながる。人と組織への投資が業務プロセスの効率化につながり、費用を削減できるというわけです。

80年代のアメリカ企業は、こうしたつながり（「思考のフレームワーク」と呼ぶ場合もある）をわかりやすく示すことができませんでした。わかってはいたけれども、これらをどうモニタリングするのかをなかなか整理できなかったのです。そこで、キャプランとノートンはバランス・スコアカードというフレームワークを示しました。いまでは、アメリカ企業にバランス・スコアカードやＫＰＩは当たり前のように導入され、可視化がかなり進んでいます。

それでは、日本企業はどうでしょうか。頭の中でわかっていたとしても、組織の中に浸透して、かつそれぞれの活動がしっかりモニタリングされて、改善されているでしょうか。そこまで精緻に把握できている企業は、いまもそれほどないように思います。

ところで、キャプランとノートンは４つの視点で整理しましたが、視点は必ずしも４つに限る必要はありません。財務の視点だけはすべてのバランス・スコアカードに定義されていますが、それ以外の視点は企業の状況に応じて変えてもいいとされています。ある企業は「環境の視点」を取り入れ、５つの視点からモニタリング指標のＫＰＩを定義しています。

重要なのは、すべての視点がバランスされていることです。

## バランス・スコアカードは何をバランスするのか

前述したように、バランス・スコアカードには「財務」「顧客」「業務プロセス」「学習と成長」の４つの視点が含まれます。そして、これら多角的な視点から、「時系列間」「ステークホルダー間」「組織間」「戦略と実行間」をどうバランスさせるかを整理することができます。

## 時系列間のバランス

時系列間のバランスとは、「過去（財務の視点）」「現在（顧客の視点、業務プロセスの視点）」「未来（学習と成長の視点）」の間を整理することです。

「過去」とは売上げや利益、販管費など過去の情報のこと、つまり財務の視点です。「現在」は日々の業務、顧客満足度、日々の経済活動など経営活動において行っていること、つまり顧客の視点と業務プロセスの視点です。重要なのは「未来」で、これは将来への投資のことです。たとえば、研修を行うのはいま現在ですが、研修の効果が出るのは未来です。特に、社員教育や組織力の向上というのは、なかなかすぐには結果が出ません。学習と成長の視点では、それをどのように行っていくかを整理します。

時系列間のバランスで重要なのは、すべての視点が時系列で成り立っていることです。

## ステークホルダー間のバランス

ステークホルダー間のバランスとは、「株主（財務の視点）」「顧客（顧客の視点）」「取引先（業務プロセスの視点）」「従業員（学習と成長の視点）」の間の利害を整理することです。

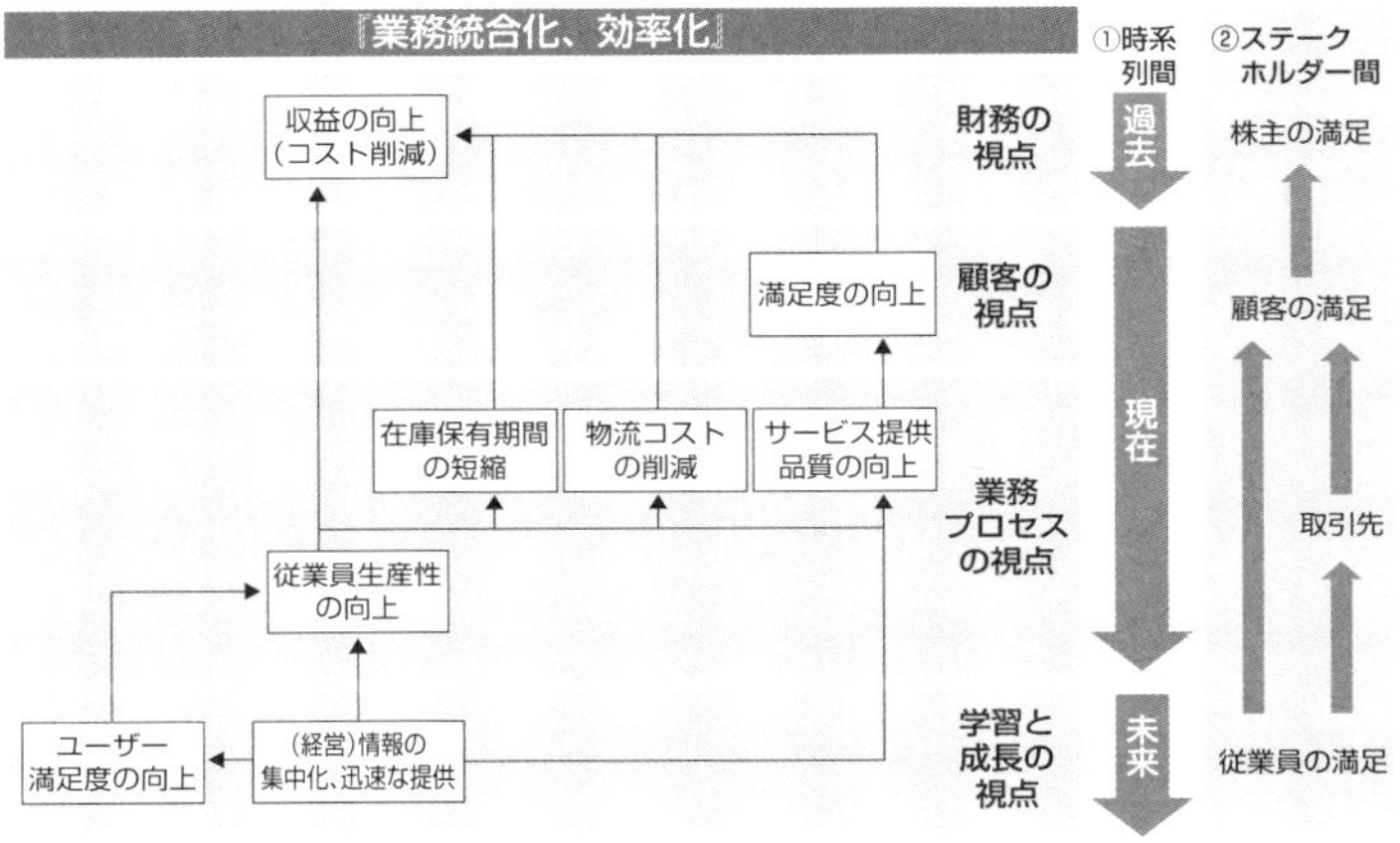


©Management Solutions co., ltd.

▶図表5-3　時系列間、ステークホルダー間のバランス

一般的に株主の満足とは業績に対する満足、つまり財務ＫＰＩの向上ですから、財務の視点に紐づきます。最近はＳＤＧｓの潮流を受け、財務だけとはいえなくなってきましたが、財務の視点が重視されることに変わりはありません。

売上げを向上するには、顧客満足度が重要となります。その顧客満足度を上げるには日々の業務を遂行する従業員や取引先の満足度を高める必要があります。従業員をこき使ったり、従業員にとって不満足な会社経営をするのは論外です。そんなことでは顧客満足もつくり得ないし、売上げが下がって株主の満足も損なうことになります。一方で、従業員に甘い経営をやり続ければ、顧客満足は得られるかもしれませんが、利

益がなかなか上がらずに株主の満足につながらなくなります。そこで株主の満足のために社員の給料を抑制するとしたら、今度は従業員の満足を得ることができなくなります。これは、経営者の誰もが悩む問題ですが、このステークホルダー間のバランスを取っていくことも、バランス・スコアカードの整理の仕方のひとつです。

### 組織間のバランス

組織間のバランスとは、上位組織と下位組織の縦バランス、部門間の横バランスの整合性を保つことです。会社全体の業績目標に対して、各事業部の目標がリンクしていることが重要です。

ここでは「組織間のバランス」としましたが、実際にはケース・バイ・ケースで、全社的なバランス・スコアカードをつくった後に、各事業部別にバランス・スコアカードをつくるケースもあります。そこまで大規模にバランス・スコアカードを導入するケースはそれほど多くありませんが、理論上は可能です。

### 戦略と実行間のバランス

戦略と実行間のバランスとは、全社の経営計画から各事業部の目的・目標を具体化してい

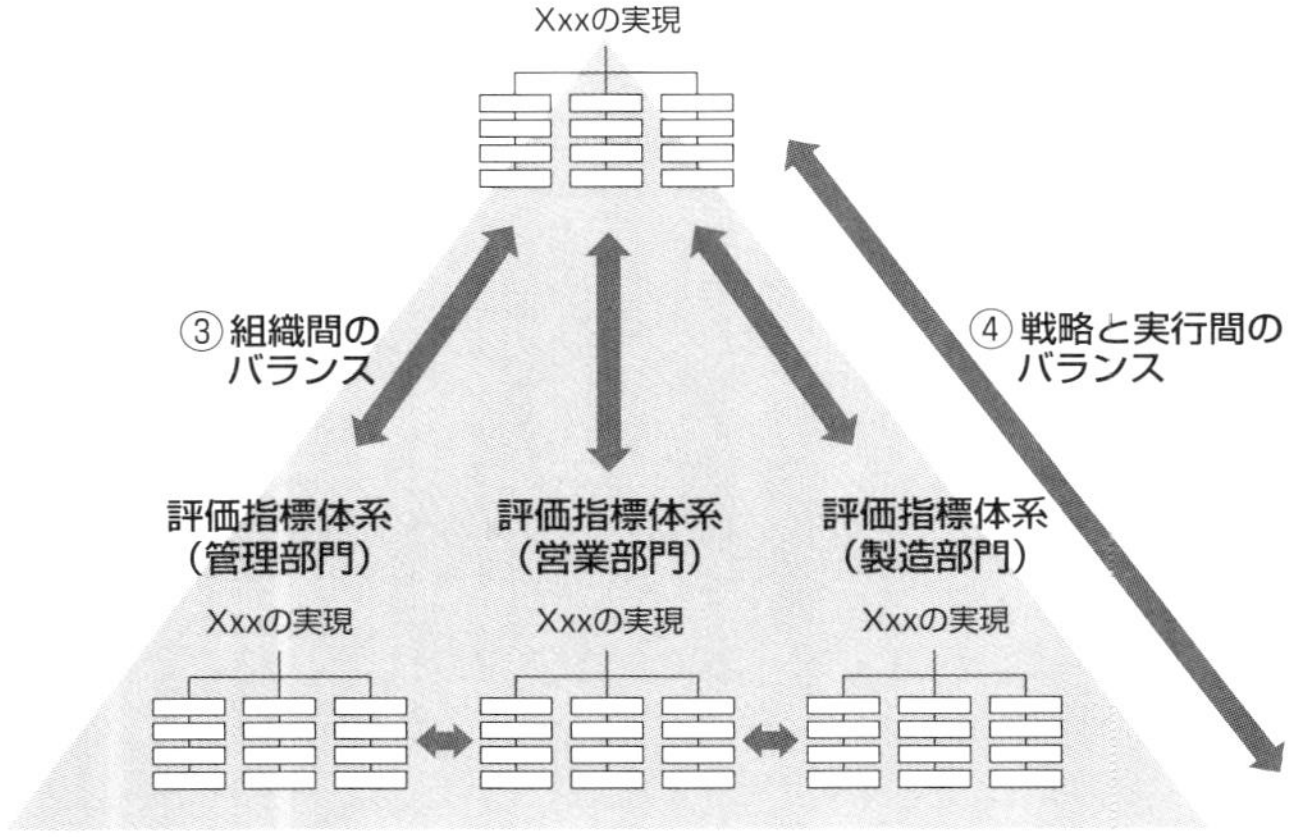


▶図表5−4　組織間、戦略と実行間のバランス

くことです。経営者の経営目標に対して、それぞれの事業部、それぞれの部門、それぞれの個人が日々の業務をやっていく中で会社の経営目標に向かってしっかりと実行できているかどうかをモニタリングし、戦略と実行間のバランスを取っていきます。

これは概念的には正しい一方、厳密に捉えすぎるとバランス・スコアカードやＫＰＩの運用が難しくなるという側面があります。戦略そのものが抽象的で曖昧模糊とした定義なのに対して、ＫＰＩはかなり具体的に定義するため、現場で定義するＫＰＩが戦略に従っているかどうかの相関が見えにくくなるからです。

プロローグで、プロセスとＩＴは密接

に関連していると述べましたが、ＭＳＯＬではＩＴツールを使って各ＫＰＩをモニタリングしています。単にモニタリングするだけではなく、どのように最終的な財務の視点につながっているかを理解しながら、経営の意思決定を行っています。この一連の流れが非常に重要な経営活動であり、それを可視化しているのがバランス・スコアカードとＫＰＩなのです。

## バランス・スコアカードを作成する

### 視点を決める

前述したように、バランス・スコアカードの視点は基本的に「財務」「顧客」「業務プロセス」「学習と成長」の4つですが、必ずしもこの4つにこだわる必要はありません。自社の状況に合わせて視点を決め、整理していきます。

ＭＳＯＬが２０１６年に作成したバランス・スコアカードでは、視点を「財務」「顧客」「組織カルチャー」「マネジメント基盤」の4つに定義しました（図表5－5）。ＭＳＯＬは

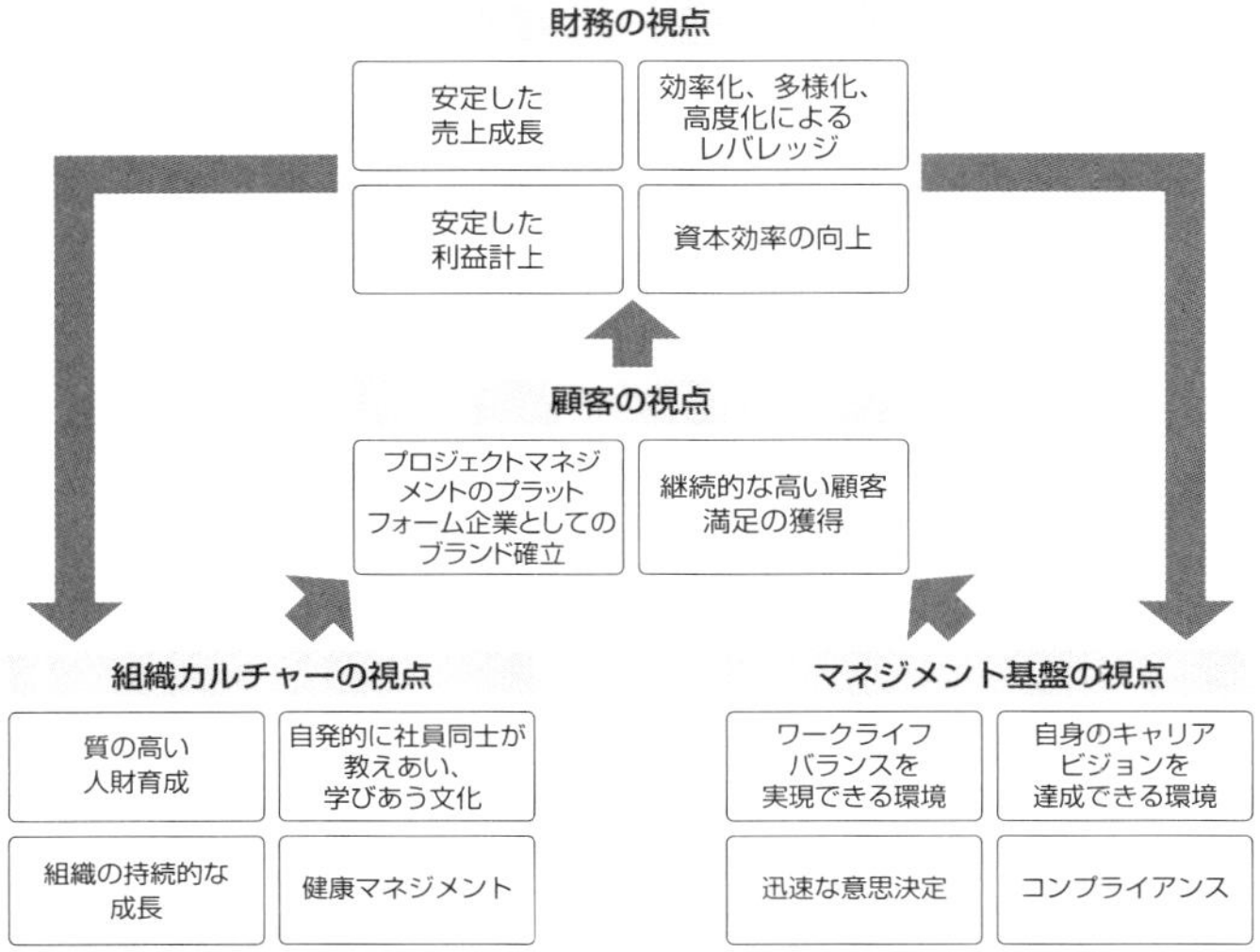



▶図表5−5　旧MSOL BSC（2016-2019）

プロフェッショナルサービスの会社ですし、会社規模もまだ百数十人でしたから、社内業務はそれほど多いわけではありません。一方で、当時は中途採用がほとんどで新卒採用が少なかったことから、まずは組織をつくり上げることを重視しました。また、創業して10年程度でしたから、マネジメント基盤もつくらなければいけません。そこで、学習と成長の視点を「組織カルチャーの視点」として戦略的に位置づけ、業務プロセスの視点をはずして、「マネジメント基盤の視点」を新たにつくりました。

## 成功要因を定義する

視点を決めたら、成功要因を定義します。そのためにはまず、財務、顧客、組織カルチャー、マネジメント基盤が何をもって成功といえるかを定義する必要があります。これは、戦略を実現するための成功とは何かを定義するということでもあります。たとえば、その企業におけるお客様の満足度は自社の商品を多くのお客様に知ってもらうことであり、知ってもらえさえすれば買ってもらえるとします。それが成功要因とするなら、顧客の視点における成功要因のひとつは「マーケットシェアの拡大」となります。

ＭＳＯＬの組織カルチャーの視点では、「質の高い人財育成」「自発的に社員同士が教えあい、学びあう文化」「組織の持続的な成長」「健康マネジメント」を成功要因として定義しました。このあたりのワーディングには、中期経営計画などに書いてある言葉を引用するといいでしょう。企業規模によっては中期経営計画を策定していないこともあるかもしれませんが、その企業の戦略にもとづいて、それぞれの視点を見出すことのできる成功要因を定義します。

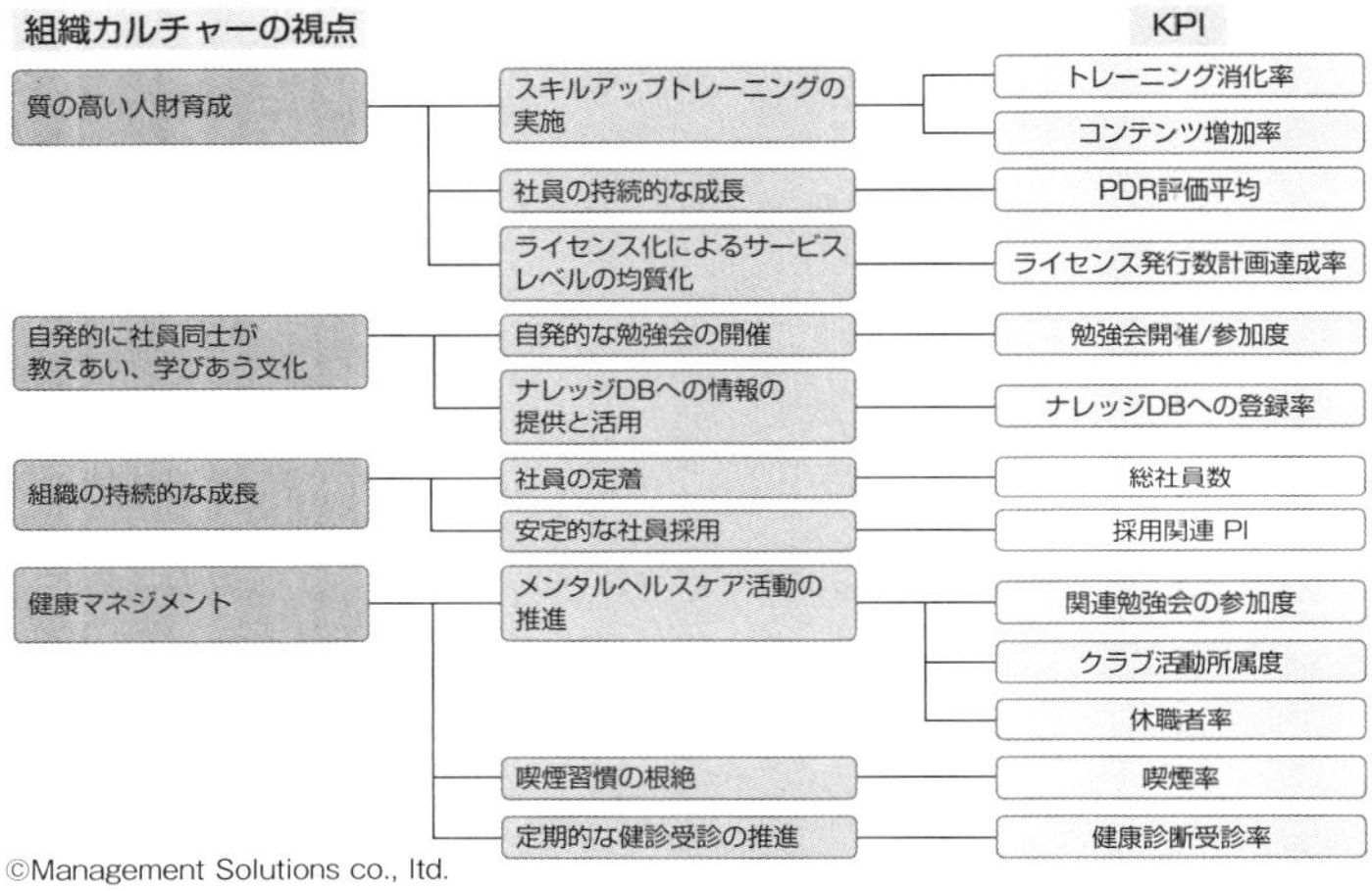




▶図表5-6　旧MSOL BSC（2016-2019）

## ＫＰＩを定義する

第2段階は、成功要因を満たすためのモニタリング指標としてのＫＰＩの定義です。たとえば、「質の高い人財育成」ならばスキルアップトレーニングを実施すると効果がありそうですから、「スキルアップトレーニングの実施」と定義します。ただし、これはＫＰＩではありません。成功要因からすぐにＫＰＩを定義することもできますが、ＫＰＩの定義を腹落ちさせるためには、ＫＰＩを定義する言葉を抽象度の高いものから、一度、より具体的なものに落とし込む必要があります。「スキルアップトレーニングの実施」では、トレーニングが消化されていなければなりませんし、トレーニングコンテンツが増えていなければいけません。そこで、ＭＳＯＬでは「トレーニング消化率」と「コンテンツ増加率」をＫＰＩとして定義しました（図表５－６）。

ＭＳＯＬでは、毎年ファクトブックをホームページ上に掲載し、非財務的なデータもオープンにしています。そのファクトブックのベースとなっているのが、ＭＳＯＬ社内で使われてるＫＰＩです。昨今は非財務データが重視される傾向にありますので、この非財務データは投資家との円滑なコミュニケーションにも非常に有効です。

## バランス・スコアカード作成、３つのポイント

ここまでの説明でバランス・スコアカードがどういうものか、そして作成の仕方がおおまかに理解できたかと思います。最後に、バランス・スコアカードを作成するうえでのポイントを紹介します。

### ポイント１　バランス・スコアカードは思考のテンプレート

バランス・スコアカードは、いうなれば思考のテンプレートです。バランス・スコアカードのテンプレートに当てはめていけば、俯瞰的かつ大所高所の視点で考えられるようになり

ます。注意が必要なのは、時間軸で捉え、ステークホルダーそれぞれの満足をバランスよく考えていく必要があるということです。KPIだけを考えようとすると、バランスが取れなくなります。

### ポイント2　バランス・スコアカードは共通言語

バランス・スコアカードを使うことで、投資家から現場まであらゆるステークホルダーがお互いの現状、または将来の目標に対する理解を共有することができます。また、成功要因の因果関係やKPIを踏まえた議論を進めることもできます。

### ポイント3　バランス・スコアカードは表面であり、KPIが中身

バランス・スコアカードを整備するだけでは、表面だけを取り繕っているようなものです。あくまでも中身はKPIです。MSOLでは、創業3年目頃から中途採用の内定率を毎月、収集しています。それは、MSOLが必要とするPMOに適した人財が、市場にどのくらいの割合でいるのかを把握するためです。しかし、データを取りはじめた当初は内定率が高いのがいいのか、それとも低いのがいいのかを判断することができませんでした。いまではだいたい10%が適正だということがわかってきましたが、その因果関係がわかるまで、社内で

大いに議論したものです。

ＫＰＩを現場に導入して定着させ、現場の活動を通じて経営目標に対して正しい活動につながっているか、経営行動や経営活動につながっているかをモニタリングし、評価・改善していくという、日々のＰＤＣＡサイクルを回していくことが重要です。ですから、バランス・スコアカードはつくって終わりではありません。このポイントは強調しておきたいと思います。

## KPI導入定着化に伴う4つの壁

バランス・スコアカードは整理をするうえでは非常にわかりやすいですし、理論的にも経営ツールとして正しいと思います。問題は、実際に現場に落とし込んだとき、活用されないことが多々あることです。なぜなら、ＫＰＩは日常的な活動のモニタリング資料として使い続けるための努力が必要だからです。そこで、その努力を続けるにあたり、運用上の壁を紹介したいと思います。

## 壁1　KPI定義の壁

「KPI定義の壁」というのは、いくつかの主要なKPIを定義したとしても、KPIの基準を決めるのに時間がかかったり、算出できたとしてもその良し悪しがわからず、定義そのものに疑問を持つようになる壁のことです。または多すぎるKPIを定義してしまい、運用が破綻してしまうこともあります。数値上、どの程度が適切なのか、問題なのかを判断するための基準を見出すには、私の経験からいえば、少なくとも2、3年はかかります。

たとえば、「在庫回転率」という指標は多くの企業に使われており、その定義は明確ですが、どのくらいの数値が適切かは企業の規模によっても、業種によっても異なります。自社にとってどんなKPIが必要なのか、どのような数値が適切なのか。それを定義するには、KPIを主幹として取り扱う組織の中で徹底的に議論する必要があります。たとえば、内定率ならば経営会議だけでなく人事部門でも議論すべきですし、在庫回転率ならば工場だけではなく営業部門でも議論すべきです。何が適切で、何が異常値か。KPIの基準を見出すには継続的な数値の算出、数字の意味するところの検証、それに関する議論、というサイクルを繰り返す必要があります。議論が盛り上がらない場合は、経営者が議論を誘発していくことも必要となるかもしれません。

さらにKPIを現場に伝えるとき、その効果や導入の目的を理解し、納得してもらうこと

| 機能 | 種類 | 指標 | 算出式 | 既存/新規 | 算出式項目 | 単位 | データ取得可能性 | データ取得方法 | データ取得可能頻度 |
|---|---|---|---|---|---|---|---|---|---|
| 購買 | 管理 | コストダウン率 | ××金額÷基準仕入額 | 既存 | ××金額 | 百万円 | 高 | ゼロから手動で作成 | 月次 |
| 購買 | 管理 | 材外費削減率（材料費・外注加工費） | 商品仕入高/商品売上高 | 新規 | 商品仕入高 | 百万円 | 高 | システムから出力 | 月次 |
| 購買 | 管理 | 仕入先効率性 | 仕入金額/仕入先数 | 既存 | 仕入金額 | 百万円 | 高 | システムから出力 | 月次 |
| 購買 | 管理 | | | | 仕入先数 | 数 | 高 | ゼロから手動で作成 | 月次 |
| 購買 | 管理 | サプライヤー集約率（集約後/集約前） | 削減数÷全サプライヤ一数 | 新規 | 削減数 | 数 | 高 | ゼロから手動で作成 | 月次 |
| 購買 | 管理 | 納期遵守率 | 納期遵守件数÷全納入件数 | 新規 | 納期遵守件数 | 件 | 不明 | ゼロから手動で作成 | |
| 購買 | 管理 | | | | 全納入件数 | 件 | 不明 | ゼロから手動で作成 | |



▶図表5-7　データ取得元調査シートの例

も難しいポイントです。そのためには、「KPIを使いこなす3つのポイント」の節で説明したように、KPIの定義はそれを使う人が理解できる内容にします。

**壁2　KPI算出の壁**

求めるKPIを算出できるかどうかも、壁として立ちはだかるポイントです。たとえば、月次で報告しなければいけないのに、月次データが取れないといったことはよくあります。また、新卒内定率のように、年に1回しかデータが取れないものもあります。このように、タイムリーに正確なデータが取れない、データ収集に時間がかかることは少なくありません。慣れないうちは、この壁にぶつかることが多いでしょう。なお、ＫＰＩ算出に必要な元データが取れなかったり、取るのが難しいときには、ＫＰＩの定義をやり直す必要があります。

ＫＰＩの算出式と、算出をするためのデータがどのタイミングでどのシステムから取得できるのかをチェックするために、データ取得元調査シートを使うことをおすすめします（図表５－７）。

## 壁３　ＫＰＩ分析・レポート作成の壁

分析レポートの作成にも壁があります。それは「結果の良し悪しを判断できない」「レポート作成に時間がかかる」「ＫＰＩの効果が見えにくい」などです。

たとえば、社員が成長しているかどうかを測るために、研修の消化率と人事評価のデータを取得したとします。担当部門では、人事評価で毎年評価の平均点を見ても、評価が上がっていないとしたら、研修を消化していないから評価が上がっていないと分析するかもしれません。しかし、必ずしもそうとはいい切れません。もしかしたら、施策そのものに意味がなかったのかもしれませんし、結果が出るのに時間がかかるから結果につながっていないように見えるのかもしれないからです。

ＫＰＩの相関関係をどう分析し、レポートとして表現するか。ＫＰＩマネジメントの本質は、ＫＰＩの個々のデータに意味があるのではなく、その因果関係の中で原因を特定していくプロセスにあります。ＫＰＩによる因果関係が正しければ、原因の特定は可能ですが、因果関係が間違っていれば、原因を特定することはできません。そこで、ＫＰＩの定義の誤りや因果関係の間違いに気づくこともあります。

この壁を乗り越えるには、「ＫＰＩ定義の壁」同様、ＫＰＩを主幹として取り扱う組織の中で議論していくことが重要です。時間がかかろうとも、ここで地道な分析活動をしていく必要があります。

## 壁4　改善サイクルの壁

新しく定義したＫＰＩはデータを収集し、分析をしていくわけですが、そのためには1、2年のモニタリングが必要となります。そうしなければ、傾向も、その活動・施策の効果も見極めることが難しく、現場レベルでの改善につながらないからです。

たとえば、ＭＳＯＬでは離職者の状況をＫＰＩでトラッキングしています。このときに重要なのは退職率だけではありません。原因分析のほうが重要で、その分析により課題解決の示唆を得られます。当然ですが、毎回、退職理由をしっかりと分析したうえで経営上の対策を打っています。退職に関してPDCAサイクルを回し、改善に努めているというわけです。

この壁を乗り越えるひとつの方法は、全社的なPDCAサイクルを回すことです。CEOの直下に主幹となる部門を置き、しっかりと運営していく体制をつくることで、導入・定着を図ります。

## KPIとバランス・スコアカードを使った管理は数年単位のプロジェクト

バランス・スコアカードは、20年以上前に出合った思い入れのある経営理論で、MSOLの創業当初はKPIソリューションとして事業の柱のひとつにしていました。ですから、この経営理論の導入の難しさはよく理解しています。MSOLで導入する際にも、いきなりバランス・スコアカードの視点から展開することはせず、最初は稼働率など一部のKPIを少しずつ導入しました。それは、まずKPIというものを腹落ちさせることが重要だからです。

KPIの定着が進んだ後、本章で紹介した2016年のバランス・スコアカードをつくったのは創業10年目、売上高が10億円を超えてからです。数億円の規模では組織はさほど大きくないので、バランス・スコアカードで捉えなくても、だいたいは把握できます。しかし、売上高10億円を超えると、社長の目が届かないところがたくさん出てきますし、中途採用をどんどん増やしていたことから社内の共通言語化も必要でした。そのため、経営の意思決定を毎月やっていくうえで必要な情報の取得が重要になったのです。売上高200億円規模、社員数1400名以上となった2024年現在、組織内の多くの場所で、KPIが日常的に使われ、状況のモニタリング、意思決定の材料とされています。現在の経営幹部は、もし非財務KPIを使用していなかったらと思うと、ゾッとするでしょう。

個人的な意見ですが、バランス・スコアカードは売上高10億円を超えたあたりから導入したほうが、現場も理解しやすいように思います。現場で一部のKPIを使い、その重要性を肌感覚で理解してもらって、その環境ができたらバランス・スコアカードでまとめる。成長の過程にある数億、数十億円の中小企業やベンチャー企業は、いきなり導入するよりも、段階を経るこのやり方のほうが導入しやすいでしょう。MSOLもこのやり方で、売上げを20倍にしましたので、100億円くらいの売上げが見えてきた企業が数百億、1000億円を目指していくうえで非常に有効だと思います。

企業の置かれている状況によりますので一概にはいえませんが、KPI&バランス・スコアカードを導入・定着させ、その導入効果を得るには少なくとも2、3年はかかると見ていいでしょう。繰り返しになりますが、ＫＰＩが組織に浸透し、可視化が進み、現場でのコミュニケーションが円滑化するという状況になるには、ＫＰＩを算出するだけでなく、算出した後に、それがどういう意味なのかを議論し、仮説を立てて対策を打つという改善のサイクルを回す必要があります。これには時間も根気も必要ですから、推進していくには経営者のコミットメントは欠かせないと思います。

# 付　章

# 日本的経営の源泉：家の論理

付章は、私が大学時代に組織論のゼミ論文として作成した文章をサマリーし、加筆修正したものです。30年近くも前に執筆したゼミ論をあえて掲載しようと考えたのは、日本企業の変革が遅々として進んでこなかった歴史的な背景、およびその源泉を読者の皆さんに考えていただきたいと思ったからです。２０２５年の現在、ようやくさまざまな改革が進み、日本経済の今後に明るさも見えてきました。しかしながら、30年もの間、改革が進まなかった理由は何なのか？　私は当時から、世代交代が進まないと根本的には変わらないのではないか、と感じていました。では、なぜ上の世代が築き上げてきたものを変えることができないのか。その源泉を探るべくさまざまな日本的経営に関する本を読みました。そこで出合ったのが、三戸公著『家の論理』でした。そこには、日本的組織の源流は、家的な組織構造にあり、それを江戸時代から脈々と続けてきたがために、組織の根本ができ上がってしまったと論じられています。無意識的な部分で家の論理を重視している点は、企業の組織改革を行ううえで、さまざまな弊害になっていると考えます。読者の皆さんの置かれている環境の中で、変革が必要な企業組織内における「家の論理」が見えない壁になっているかもしれません。この付章が読者の気づきにつながれば幸いです。

## 当時の論調

バブル崩壊後、ゼミ論を執筆していた当時の１９９４年から95年にかけて、日本型雇用の限界、終身雇用および年功序列の崩壊について盛んに議論されていました。

雇用の流動化については、終身雇用と専門職を中心とした流動的な雇用制度が共存する「重層型」になるという予想や、第３次産業にヒトが動くことで、ソフト化・サービス化という産業構造の転換を促すというさまざまな見解が論じられていました。ある調査機関では、「人事課長のほぼ半数が、２０００年までに日本的雇用慣行は崩壊すると感じている」との調査結果を発表していました。また、ある経済団体は、終身雇用制などの日本的な雇用慣行を見直し、労働力の流動化を推進すべきだと提言していました。30年経った現在、ようやく専門型雇用としてのジョブ型雇用が広がりつつあり、重層型の雇用形態が一般的になりつつある状況です。

１９９４年度版「労働経済の分析」（労働白書）においては、「管理職への昇進を最終到達点とする画一的な管理システムだけでなく、勤労者の主体的な判断で専門職となったり、転職できる複線型の雇用システムを作る必要がある」としています。そのための具体策として、能力評価システムの充実、女性が能力を発揮できるような育児、介護休業制度の整備、転職者や非正社員が不利にならないような福利厚生制度の改善などを挙げていました。現在聞いても、最近の話のような内容です。また、経営者の若返りに関しても言及されており、当時、日本の上場企業社長の平均年齢は約62歳といわれており、50代が多いアメリカより高齢で、国際的に見ても若手の活躍が不可欠といわれていましたが、これは30年経ったいまもあまり変わりません。

数年前、とある講演でこれらの情報を参加者に見せ、いつの年代の記事なのか、質問したことがあります。２０１０年代、２０００年代、１９９０年代、という具合に質問したところ、３割が２０１０年代、７割が２０００年代と答え、１９９０年代と答えた方は皆無でした。これほど日本的経営に対する変化が求められ、対応策が検討されていたにもかかわらず、なぜ30年以上も変わらなかったのでしょうか。先ほど申し上げた、三戸公著『家の論理』の中に組織的な壁をつくり出すその源流があると思います。

## ゼミ論サマリー

以下、大学時代のゼミ論の抜粋内容です。

日本的経営および日本企業の経営の状態は、そのシステムを維持して行けるほど正常には機能していないことは明らかである。だが一方で、日本企業のすべてが経営に失敗しているわけではないという意見もあるだろう。そこで日本企業の中で、すぐれた経営システムをもつ会社を調べ、それらに習って今後の経営の在り方を考察するという方法もひとつの研究課題に値すると思う。しかしその前に、現在では再構築が求められている日本的経営というものがなぜ生まれたか、という疑問が残る。資本主義の起こった欧米と比べて日本的資本主義だとか、国家によるがんじがらめの規制があるので社会主義的資本主義だとか、とかく日本は異質、特殊だと見られる傾向がある。そこに日本企業の経営システムの日本的経営と呼ばれるゆえんがある。だが、社会における企業の在り方や運営方法は、その社会の持つ文化に左右されるものだ。なぜなら、経営というものの中心は「人をどう扱うか」にあり、また社会を構成する人間をどう扱うかは、その社会の持つ文化から大きな影響を受けるからである。単純に、アメリカの社会を考えてみるとすぐにわかると思う。社会の中で人間は個人として扱われ、その自由と権利は法によって厳格に規定され、守られている。その中で企業は、従業員の個人としての資質のみを要求し、年齢、性別、学歴によって一般的に差別することはないし、また差別するべきではない。従って、日本の経営システムも諸外国のそれと比べて、まったく異なるものであったり、また優劣を競い合うべきものでもないのだ。景気の良いときには日本的経営の優位性を誇り、景気が悪くなれば日本的経営は異質だとか、アメリカの経営がすぐれているとかいった議論はそもそもナンセンスなものなのだ。また、最近では日本における資本主義も、欧米において理解されるものとなりつつある。

前述したように、日本的経営は日本社会の文化的背景によって形成されたものと考えられる。明治以降資本主義を日本の経済システムとして導入し、現在、欧米を追い越すまでになった日本経済は、輸入元である欧米の資本主義経済と同じものではなく、独自の形を取った。その中における企業は、また欧米とは異なる運営方法を取っている。わかりやすく、式として表してみると「資本の論理における経営＋日本的論理（文化的背景による）＝日本的経営」となる。この日本的論理というものはいったい何なのだろうか。それがこの章で明らかにしようとするものなのである。それは、一般的にいえば、家族主義、イエ社会の論理などと表現されるものだが、これから論ずるものについては主に、三戸公著『家の論理』を主要参考文献として活用させて頂いたので、この日本的論理を今後「家の論理」と呼ぶことにする。

## 家の定義

1. 「血縁集団」のみを指さない。有賀喜左衛門（「家の論理第一巻」より）によると、血縁集団を表す言葉は親族＝ウカラであり、家に所属するものは家族＝ヤカラといって血縁・非血縁は問わない言葉を用いる。また、家は単なる機能集団であり、家を離脱した血縁者は親族であっても家族ではない。
2. 家は永続的な存在であり、生活集団として生活の諸側面である生活・消費・教育・宗教・文化・その他さまざまの生活領域の様相を、独自性を持って形成するものである。
3. 「家」はその構成員の名乗る名字として「永続的」に残ることとなる。また、家の構成員である家族は、共同生活者ではあるが家族ではない「非家族成員」と明確に区別される。

4．家族であれば、血縁者であれ非血縁者であれ、例えば分家・別家として新たに家を分離してもらえる可能性を持つものであるのに対して、非家族はその可能性をまったく与えられてないという存在である。具体的には、封建時代における「下男・下女」であり、商家における中途採用者として働いている中年者などがそれに当たる。

## 家のあり方

1．家は何よりもまずその維持繁栄を願う。日本企業は市場占有率を高めることが第一目標であり、そのため、独自性は失われる。製品でも他社と大差のないものを作り、その市場占有率を高めるのである。占有率が高まれば、組織としての企業は維持繁栄を続けられる。一方で欧米では収益率を高めること、資本主義の原理に則って株主の利益を第一優先に考えることが企業の目標となる。

2．家の盛衰は家族の盛衰であり運命共同体である。欧米では同じ職務であれば、どの企業で働こうとも企業横断的な賃金を受け取る。同一賃金同一労働がほぼ貫徹されている。それゆえ労働市場が活発となる。日本においては繁栄している企業であれば賃金が高く福利厚生もよく退職金も良い。同じ職務であっても企業規模別賃金を受け取る。新卒者が大企業に集中する最大の原因である。必然的にホワイトカラーの供給過剰が起こってしまう。また欧米では契約労働であり、その範囲内での限定的労働のみが要求されるのに対し、日本においては労働者は全人格的に企業に所属し無制限労働を要求され、またそれに答えるべく努力しようとする。このため過労死現象、手当てなしの長時間残業、単身赴任が当たり前となる。まさに「滅私奉公、私を滅して公に奉ずる」である。

3. 日本企業における所属性は、一般に日本的経営の特徴とされる終身雇用制・年功序列制として知られているものを生む。年功序列制はともかく終身雇用制は正確な用語ではない。家にとっては家の維持繁栄が第一であるが故に、家のためにはいくらでも家族を犠牲にしてもはばからない。家族はその犠牲に甘んずる。かつて老人が家のために山に捨てられ（姨捨て山）、娘が売られていったように現代企業は老人を首切るばかりでなく、企業にとっては最良の労働構成をすべく、高年齢化するにしたがって従業員の数を減少させていく。その他には肩たたき、出向、窓際族、選択定年制等とさまざまな方法が取られる。

4. 家長は家督相続人として家族と家産を統括し、家業を営む家長と家族との関係は親子関係である。親子関係とは必ずしも生物学的な親子関係を意味しない。それは

「生みの親」と子との関係であり、日本における「オヤ」と「コ」との関係は、一般的には温情と専制（独断で判断、処理すること）の命令に対する絶対服従と庇護（弱い立場のものなどを守る）との関係を言う。家長は家の象徴であり代表である。日本企業においては家長＝上司に無制限的な服従をする。それはセクシャルハラスメントが起こっても表に出てこないひとつの原因であると思われる。家長もまた家の維持繁栄のために滅私奉公し家族のそれぞれの能力を発揮させるために可能な限り権限を委譲する。家が大きくなれば必ず番頭（主人にかわって実権を握っている男）を設ける。家産は家そのものに属する財産であって、家長の財産ではない。家長はその管理権を持つに過ぎない。家長は家族と家産を統括する権限を前家長より相続する。

この家長、家族、家産の構造は、現代日本の株式会社の構造と完全に合体し株式会社の本来的な構造を内容的には完全に転倒させている。株主が所有者として株主総会を持ち、株主総会を最高意思の決定機関とし、そこにおける取締役会において代表取締役＝社長を選出し、社長は経営の責任者となる。これが株式会社というものだ。ところが日本においては、社長は前社長から任命される。まさに家督相続である。そしてまた取締役は取締役会によって選ばれるのではなく社長によって従業員の中から任命されるのである。まさに取締役は番頭である。株主総会は完全な形骸であり、そこに総会屋の跳梁（わが物顔に走り回ること）を見る。更に、株主は社長によって選ばれ所有を依頼され株主の売買を自由にすることのない安定株主となる。日本の株式会社の内実は家と酷似していることがはっきり見られる。

## 5.

家の組織原則は階級制と能力主義である。まず階級制について。家族の構成は直系＝嫡系と傍系からなり、更に傍系は親族と非親族からなる。このいかなる系、いかなる統＝スジに属するかによって家の内部における処遇が違ってくる。すなわち嫡系に生まれてくると家督相続人となり家長となる。また傍系の中でも親族か非親族かにより優遇され、親族でも嫡系に近いか遠いかによって処遇が違ってくる。例えば、商家において確立していた分家、別家制などがこれである。親族は分家、非親族は別家と分立してもらえるが、それはまったく同一条件ではなく差がつけられている。武家についてみれば親藩と外様、そしてその中でいかなる家格に生まれるかによって藩経営上の職制（家老、若年寄、奉行、大目付）のいかなる職につくかが決まっている。なお家族として処遇される層と非家族として処遇される層がある。商家、農家における中年者あるいは下女・下男、武家における仲間・小者の類である。この階級制は現在の日本企業においてなお資格制度と形を変えて身分的処遇の構成をつくり、また職制上のいかなる地位まで上ることができるかどうかは、どの学校を卒業したかによっておおむね決まることになる。学歴は能力評価の大きな基準ではあるが、それを越えて階級的性格を帯びている、だから現代日本における異常な受験戦争、学歴競争を引き起こしている。大学は入学試験のみが重視され教育がまったくなく空洞化しているのは周知のことである。入学は即卒業に等しく、どの大学卒かだけが、どの企業に入りその企業のどの地位まで上ることができるかを決める。そして非家族家成員の性格を持つ臨時工・社外工・パート・アルバイトの広い層が下層をなす。彼らは景気変動によって自由に解雇され、その時の景気変動によって賃金は高下する。福利厚生施設の恩恵にも預かることはなく、ボーナス・退職金もほとんど支給されることはない。職場災害で同じ被害を受けても差別的取扱を受けることがある。またその反面、学生にとっては都合の良い仕事であり、フリーターなど自由に働きたい人にはうってつけである。欧米のように契約型の労使関係、限定的な労働を望む人にはちょうどいいように思われる。しかしその反面前述のようなデメリットも存在することも忘れてはならない。

6. この階級制と並んで能力主義が家の組織原則である。家の眼目である維持繁栄のためには階級制原則の一本槍ですますことはできない。どうしても能力主義を必要不可欠のものとする。嫡子が無力であり家の維持が危ぶまれるときには廃嫡、隠居ということになり養子を迎えて家督を相続させる。現代企業においても学歴階級制が存在するが、同時に大きく能力主義原則が貫かれている。創業者一族がなお家督相続的に社長職に収まっている企業も少なくないが無能者を排除せず倒産に追い込まれた企業もまた少なくない。

7. 家は家の維持繁栄のために家イデオロギーを必要とし、家憲、家訓を作り家風が生まれてくる。創業者は遺訓を残し、あるいは周囲のものが創業者の言動を遺訓として結晶させ、家憲、家訓がつくられる。多くの武家・商家がこれを残している。家には家風、会社には社風が生まれる。かつて家風に合わないと家から追放され、家風に染めるためには、幼少年から「こども」として家にいれ中年者は他家の風に染まったものとして家族として取り扱われなかった。現在日本企業は新期学卒一括採用という方式をとって採用する。欧米の必要労働力のそのつど採用と大いに異なっている。新期学卒一括採用でまっさらのどんな家風にも染まるものを採用する。彼らは新しく家族の一員に迎えられ、家族として家の繁栄を担って行くものとして盛大な入社式が催されることとなる。

8. 家は家族に躾をし、教育、訓練をする。かつて家はその家の子供が人に対し、事に

9.

対し、いかに振る舞い行動するかをそれぞれに家の格に応じて、躾を行い家業を継ぐことができるように訓練、教育した。いま企業は、新入社員の躾をし、教育をするのだから大学生はいかなる専門を学んでいるか学んだかは問題にならない。

家は本家、分家、別家、寄家を持ちながら増殖・展開し、同族団を形成する家は傍系家族を、親族は分家、非親族は別家として新たに家を興させる。もとの家は本家となり、分家、別家は本家と親子関係を結び、同族団を形成する。なお有力な家を頼って、その家と親子関係を結ぶ時、寄親、寄子の関係が本家と頼ってきた家との関係として生じ、寄家となる。もともと家は非親族を傍系としてかかえているのであるから、それまで無関係だった本家を新たに親子関係＝支配従属関係に組み入れ、同族団の一員にすることは当然の成り行きであろう。そして、分家、別家もまた本家となって新たな分家、別家をたてる。

この家の増殖、展開の原理は現代日本の大企業の中にそのまま存在している。日本の会社は大きくなり力を蓄えてくると新たに会社を分立し、その分立した会社がまた会社を分立していく。そして、いわゆる系列会社として企業集団を形成していく。そしてこれまで関係のなかった会社が資金的、技術的に既存の企業集団に加わり支配従属関係に入る。この本家、分家的展開、同族団形成こそ日本企業の特色である。

ワンセット主義を生み、トラストを形成する欧米に対して大きな違いを生んでいる。このワンセット主義的企業展開が同種の大企業の多数並立・競争となりシェア争いを熾烈に戦い合って企業競争力をつける。国内市場のシェア競争が限界に来た時、外国市場に行き雪崩を打って進出する。雪崩込まれた国の企業は一溜まりもない。貿易摩擦の基本図式である。

もちろん、広義の意味での家としての組織単位は、資本主義原理を生み出した西欧においても存在する。マックス・ウェーバー（1864―1920）のテーゼを見てみよう。ウェーバーは、ヨーロッパにおいて資本主義の発生により家共同体の解体が起こり、経営体の支配形態が家父長制から官僚制に変わったことに注目し、資本主義が中国やインドで起こらず、なぜ欧米でのみその誕生が見られるのかを解明した。

19世紀から20世紀への変わり目の頃、経済学者で社会学者のマックス・ウェーバーは、奇妙な現象につき当たった。彼は統計から、プロテスタント（新教徒）がカトリックよりもはるかに事業に成功していることを知った。新教徒は指導的サラリーマンの中では明らかに多数派を占めているばかりではなく、資産も多かった。税務署の計算によると、バーデン州では、新教徒住民1000人中課税対象の資本は95万4900マルクになるが、これに対して、カトリックでは、わずか58万９８００マルクを所有しているにすぎなかった。信仰と経済的成果の関連にウェーバーは関心を持った。彼の思想の中心的問題は次のようなものであった。合理的科学及び技術と並んで、また、国家の合理的な官僚組織と並んで、近代ヨーロッパには、合理的な産業資本主義が発生した。この経済形態は、なぜ中国やインドにではなく、もっぱら我々のところでだけ発展したのだろうか、あるいは、別の言い方をすると、キリスト教信仰には何か特別の要素が含まれていて、これが人々に、資本主義的な態度や思考様式をするように教えるのだろうか、というのは、一方で、資本を蓄えることもせず、また、生活に必要以上の金や財を持ちたいとも思わない国民もまたいるからだ。そして他方では、我々よりも多くの原材料や富を自由にしていて、しかも、我々に知られているような資本主義を発展させてはいないような国民も存在するからだ。これに対する答を、ウェーバーは、１９０５年に刊行し、後に『プロテスタンティズムの倫理と資本主義の精神』という標題で知られるようになった論文集のなかで与えた（『世界を変えた12人の経済学者』パウル＝ハインツ・ケステルス著　ＴＢＳブリタニカ　１９８６年初版より）。

では、次に彼の言う「家父長制」と「家共同体の解体」を見てみよう。

『家父長制』「支配の家父長制的構造はその本質上、没主観、非人格的な目的への奉仕義務や抽象的規範への服従に基づくものではなく、これとは正反対に厳格に人格的なピエテート（忠誠）関係に基づくものである」。家父長はこのような家の伝統的秩序の担い手として、権威とピエテートを享受する。しかし、その故に彼もまた伝統の束縛を逃れることはできない。この伝統によって権威を附与保障され、伝統に基づいて定められた家の諸規範を行使する権威を持つ家父長と、それに人格的にピエテートにおいて服属していく家族成員との結合、共同が家父長制家族の統一の基礎である。

「父の権力と子のピエテートとは、原理的に現実の血縁関係（血縁関係があるのがいかに通常であろうとも）に基づいているわけでもない。むしろ、まさに素朴家父長制的な、しかも懐胎（妊娠）と出産との関係を認識するに至ってから後までも、家権力をまったく財産と同様に取り扱っているのである。すなわち、妻としてであれ、女奴隷としてであれ、一人の男の家権力に服しているすべての女の産んだ子は、肉体的な親子関係の有無を問うことなく家長がそれを欲する時には無造作に「彼の」子と見なされる。丁度、彼の家畜の果実（家畜の子）が彼の家畜と見なされるのと同様である。子や、また妻をも賃貸することや、あるいは質入れすることがおこなわれたほかに、他人の子を買ったり自分の子を売ったりすることは発達した文化にもなお普通に見られる現象である」

**「家支配権は、完全に純粋な形で現れる時は、少なくとも法的には無制約であり、従来の家長が死亡し、またはその他の事情で引退する時には新しい家長に同じく無制約に移行する。それゆえ新しい家長は例えば彼の前任者（従って時として彼の父）の妻を性的に利用する権利をもそのまま併せ獲得する」**。以上が家父長制の大まかな論理であるが、この支配の論理は広義に解釈するかぎり、ほとんどそのまま「家の論理」に当てはまる。ということは「家の論理」は普遍的な構造としてとらえるのではなく歴史的支配構造の中のひとつの形態と見ることができる。

　この家父長は前近代的なものとされるがそれは、一人の男性労働者の賃金は自分と妻とその子供の生活を支える額として与えられ、それによって労働力の生産と再生産、資本家的生産様式の再生産がなされるようになった時、古い家族形態は崩壊する。そして核家族が成立するようになるのである。つまり資本主義の成立によって、家父長制としての家は経営が家計と分離し、解体消滅したのである。

　また、このことについてはウェーバーの『家共同体の解体』を見てみる。

**「家共同体は経営と家計の分離によって解体する。家族は大家族から核家族に分離し家**

は単なる住居となり家族は家計の単位に過ぎなくなる。家共同体の内部でなされていた教育的文化的諸生活はそれぞれ独立の経営体で担われることになる。学校、劇場、結社、集会等々、家計、家政から分離独立した経営体の代表は企業である。企業は家政の緊縛から離れて営利追求の目的合理的な存在となって発展する。家父長的支配から合法的支配へ、テンニース流に言うならば、ゲマインシャフトからゲゼルシャフトへ（補足説明1参照）移転していく。法、規制によって秩序づけられ、専門化、階層化したピラミッド型組織を持つビューロクラティックな経営＝官僚制が成立発展してくる。それは完全にすっきりした分解、解体過程ではなく家共同体の持つ伝統主義は最後まで全然分解することなく存続するものでその存続を条件づけるものは経済的、社会的、政治的、宗教的なものすべてである」

西ヨーロッパそしてその延長上としてのアメリカにおける家共同体の解体と近代的経営の成立と展開は図式的には典型的な筋道をめぐったものではあるが現実的にはむしろ特殊なケースであり、キリスト教及びその内部改革を媒介とすることによって進行した特殊なケースである。（「共同体」ついて補足説明2参照）

津田眞澂《ますみ》著『日本的経営の論理』（中央経済社、1977年）では、日本の場合、社会社生活の場である共同生活体は、西欧と違って、本来生活をするためのお金を稼ぐ場所である企業にあるという。**「企業は家政の緊縛から離れて営利追求の目的合理的な存在となって発展する」**といった前述の西欧の論理とは異なるようだ。生活共同体が企業の中に存在するというのは、「家の論理」が存在しているとも考えられると思う。西欧の家、中国の家、日本の家はいずれも家共同体としては同一のものである。そしてどの国の家もまた村共同体の構成部分として存在している。だがそれぞれの国の家共同体と村落共同体そして両者の関係はいずれも特殊性を持っている。それぞれの国の家は特殊性を持ちながらも家の解体消滅によりによってのみ資本制生産の成立、近代化の進展はなされる。そして資本制生産の成立近代化の進展の様相はそれぞれの国の家の在り様によって違ってくる。西欧の場合、日本の場合、そして中国の場合。

日本こそ伝統を引きずりながら近代化を遂げた典型である。そして何故日本が伝統を引きずりながら近代化をいち早く遂げることができたかの根拠は、日本における家共同体そのものの日本的特性である。それはマックス・ウェーバーの言うように、家は非血縁を含むという一般的規定にもかかわらず、中国、韓国の家は男系血縁重視が極めて強く日本の家は超血縁的性格が極めて強いという伝統を持っていることに大きく由来すると思われる。

それだけ日本の家は近代経営に移行し得る要因を強く持っていたのだ。儒教は家に対応する宗教である。そして同じ家でも日本と中国、韓国の家とは違う特色を持つ。その違いは近代化に大きな違いを生むと共に、儒教そのものにさえ違いを生み出す。家としての組織を繁栄させ存続させること、個人の利益よりも全体の利益を重んじる傾向にある日本的論理に、奇跡とまで言われた近代発展の根幹があることは明らかである。

では、なぜ日本では資本主義原理を導入したにもかかわらず、伝統的な組織支配論理である「家の論理」が残ったのか。日本においては「家の論理」＋「資本の論理」＝「日本資本主義」となりそれが「日本的経営」を生むこととなる。

## 補足説明

### 1．フェルディナント・テンニースについて

1887年に*Gemeinschaft und Gesellschaft*（邦訳『ゲマインシャフトとゲゼルシャフト』）を刊行。以後、共同体についての最初の社会学理論として必読の書とされている。テンニースは、社会をつくるのは人間の意志の相互関係であり、それから「結合体」がつくられるとする。この結合体には、現実的・有機的な生命体として

のゲマインシャフト（血縁共同体）と、公共生活や世界などでつくられる観念的・機械的なゲゼルシャフト（利益共同体）の二つがあるとした。結果的には社会関係をこの二つで説明するのは粗雑だとされているのだが、日本において「共同体」という言葉が出ると必ずテンニースの書が出てくる。

2. 東京大学大塚久雄名誉教授の説

（『共同体の基礎理論』岩波書店、1969年より）世界で最初に人間が土地を占取して定住した場合には、血縁の共同組織が単位であった。これを「共同態」ゲマインシャフトと呼び、「共同体」ゲマインデとは区別する。「共同体」ゲマインデとは、その血縁共同態の中で、個人や家族が次第に個別に私有財産を蓄えていきながらも、生活全体をもとの共同組織に依存している状態の場合、その集団の規制の外枠のことを呼んだ名称である。生きていくためには、全員が共同体の規則に従う。そして、次第に私有財産が大きくなって共同組織に依存しないでよいどころか、これ以上はその規制が邪魔になった時、共同組織は破壊されて、それぞれに自営の家族私有経営が独立していく。これがヨーロッパで近代「経営」が成立していく基本の筋道である。そうして、近代「経営」は、市民法で保証された近代市民が自主的につくる組織による経営であって、つまり個人が自立する個人主義で成り立つ経営が近代

「経営」の本質なのである。
（以上1、2共に、津田眞澂著『日本の経営文化』ミネルヴァ書房、1994年　参照）

三戸公著『家の論理』およびゼミ論では、明治維新後、資本の論理を導入したにもかかわらず前資本的な論理、家の論理が残っていく過程も記述していますが、端的にいうと、士族を中心に起こした明治維新という革命は、意識的なのか、無意識的なのか、江戸時代の家の論理をそのまま受け継いで近代社会および企業のあり方をつくっていったのだと思います。
その中でも現在でも慣行的に行われている多重下請け構造の原点について興味深い記述があります。

下請け制は、問屋と下職の親子関係の発展形態として問屋制家内手工業として成立していた。問屋は、家内工業に対して原材料の面倒を見たり、時には生活の面倒を見たりし、製品を一括購入し、販売する。この関係は、弱い家が有力な家を頼って親子の関係を結んだものになり、寄親＝寄子関係に当たる。維新後の資本主義の発展、産業の進展と共に、問屋は前期的資本から商業資本に、家内手工業は中小機械制工業へと進む。だが、親子関係はそのまま維持されることとなった。

下請け制が大きな問題となったのは、機械器具工業等の重工業の急成長の時期であった。機械器具製造の企業は部品を外注に出し、外注先を下請け企業とした。親企業が商業資本であった時から、親企業が産業資本となり、それが中小企業を親子関係として支配従属する段階に入ってきた。大企業が親企業として部品発注先企業を子企業とし、資金・原材料・機械設備等の面倒を見たり、技術的指導・援助等により完全な支配従属の関係におき、親企業を離れては下請け企業は存在不可能な親子関係が形成される。

また、その子企業に当たるものは当該企業の部品発注先の企業と親子関係を結ぶ。このようにして下請け関係は一次下請け、二次下請け、三次下請けと広がっていき、頂点に財閥企業と軍が親企業として存在する系列支配階層のピラミッド型企業群が形成された。そして、その末端は零細な十人以下の家内工業であり、先に述べた工場法の適用外企業である。労働条件が過酷であったことは当然であった。

以上、私が21歳から22歳の頃に、さまざまな文献を引用しつつまとめたゼミ論でしたが、いま読んでもなお新鮮に感じるのは、日本企業の経営の根本は大きく変わっておらず、その組織文化は、相も変わらず「家の論理」に染まっているからだと思います。もちろん、すべてを「資本の論理」に染め、特にアメリカ型の経営を目指すべきであるとも思いません。「家の論理」には良い面もたくさんあります。新卒を育てる文化はそのひとつであると考えています。ただ、「家の論理」を押しつけたり、家的なものの考え方に染めすぎてしまうことの危険性も併せて考える必要があると考えます。「家の論理」によりつくられた無形の組織文化を客観視し、取捨選択を行う必要があると考えます。

読者の皆さんにとって、何かしらの示唆になれば幸いです。

# エピローグ

最後までお読みいただき、ありがとうございます。情報量も多く、読者の経験年数によっては、かなり難易度の高いものであったかと思います。可能な限りわかりやすさを優先しましたが、経営を学び経験するに従い、理解できる部分も増えると思いますので、愛読書の1冊として読み続けていただければとてもうれしく思います。

本書は、経営の仕組みづくりに特化しています。経営の深淵を語るにはまだまだ多くの情報が必要ですし、私の経験ではすべてを語ることもできません。経営にはなかなか言葉にできない、人間の情熱や信念が欠かせません。本田宗一郎氏とともにホンダを世界的な大企業に育て上げた藤沢武夫氏の『経営に終わりはない』（文藝春秋）、私の敬愛する小倉昌男氏の『経営はロマンだ！』（日経ＢＰマーケティング）、ユニクロを世界的企業へ育て上げた柳井正氏の『一勝九敗』（新潮社）などは、経営における情念、情熱を感じる書籍だと思いますし、私は何度も勇気づけられました。

ＭＳＯＬにおける経営の仕組みそのもののほとんどは私が考えてきたことですが、それを具現化するためには、多くの方々の熱意と貢献なくしてはあり得ません。実は、経営を20年やってきていても、不思議なことに自分が成し遂げたという感覚はありません。すべては、人とのご縁、ときにはセレンディピティの力も借りつつ、いろいろなものを紡いでできた感覚です。その理由は、ＭＳＯＬが社会にとって、なくてはならない会社であり、社会の一機能を担う使命を有しているからであると思います。十数年前、渋沢栄一氏の『論語と算盤』（角川ソフィア文庫）を読み、会社と社会は不可分であるべきと気づきました。

思い返すと、たいへん多くの方々に支えられてＭＳＯＬを経営してきました。創業時のメンターでありＰＭＯソリューションを世に広めるきっかけをくださった峯本展夫氏、惜しみない経験値を与えてくれたアクセンチュア時代の先輩方、ビジネスモデル構築のさまざまなヒントを与えてくださった北添裕己氏、ＭＳＯＬの組織カルチャーのためのＭＳＯＬ ＨＩＳＴＯＲＹ制作に尽力いただいた故・森川直樹氏、温かいご支援をいただいたソニーグループの方々、および多くのクライアントの方々、この場を借りて感謝を申し上げたいと思います。また、現在のＭＳＯＬにおいては、ＣＩＴの矢部昭弘氏をはじめ、さまざまな情報提供をいただいた皆さん、ありがとうございました。

最後に、創業時には２人目を妊娠し、子育てもたいへんな中、よちよち歩きの経営者を支えてくれた妻に感謝を述べたいと思います。

２０２５年春

高橋信也

# 参考文献


『小倉昌男 経営学』 小倉昌男著（日経BP社）
『アメリカ型成功者の物語――ゴールドラッシュとシリコンバレー』 野口悠紀雄著（新潮社）
『[新版]ブルー・オーシャン戦略――競争のない世界を創造する』W・チャン・キム、レネ・モボルニュ著（ダイヤモンド社）
『競争の戦略』 M・E・ポーター著（ダイヤモンド社）
*The Invisible Continent*（見えない大陸） 大前研一著
『経営行動――経営組織における意思決定プロセスの研究』 ハーバート・A・サイモン著（ダイヤモンド社）
『[新版] 経営行動――経営組織における意思決定過程の研究』 ハーバート・A・サイモン著（ダイヤモンド社）
『新訳 経営者の役割』 チェスター・I・バーナード著（ダイヤモンド社）
『サピエンス全史』 ユヴァル・ノア・ハラリ著（河出書房新社）
『マネジメント［エッセンシャル版］――基本と原則』 P・F・ドラッカー著（ダイヤモンド社）

『昭和ビジネス60年誌――企業・人物・事件がわかるデータブック』昭和ビジネス研究会編（ダイヤモンド社）
『企業事件史――日本的経営のオモテとウラ』奥村宏・佐高信著（社会思想社）
『ゼミナール日本経済入門』三橋規宏著（日経BPマーケティング）
『日本の経営文化――二十一世紀の組織と人』津田眞澂著（ミネルヴァ書房）
『私の三井昭和史』江戸英雄著（東洋経済新報社）
『証言・戦後経済史――あの時の真実』鎌田勲・高村壽一編（日経BPマーケティング）
『商社』内田吉英著（教育社）
『日本的経営の論理』津田眞澂著（中央経済社）
『「日本的経営」進化論――日本文化からみた企業革新』織畑基一著（プレジデント社）
『経営史』米川伸一編（有斐閣）
日本経済新聞

［著者］
**高橋信也**（たかはし・しんや）
1972年生まれ。福岡県出身。修猷館高等学校、上智大学経済学部卒。ゼミは組織論、日本的経営の研究。アンダーセン コンサルティング（現アクセンチュア）、キャップジェミニにおいてシステム開発から経営コンサルティングまで幅広いプロジェクトに携わる。その後ソニーグローバルソリューションズへ入社。グローバルシステム開発プロジェクトのPMOリーダーとして活躍。2005年マネジメントソリューションズを設立、代表取締役社長に就任。2024年1月より取締役会長。また、一般社団法人アジア経営研究機構（AMRI）代表理事、株式会社GT MUSIC取締役を務める。
主な著書に『PMO導入フレームワーク――プロジェクトを成功に導く、人・組織・プロセス・ツール』（生産性出版 2010年）、『コンサルタントになれる人、なれない人』（プレジデント社 2016年）がある。

MSOL経営システム
――理論と実践

2025年3月20日　第1刷発行

著　者――高橋信也
構　成――中島万寿代
発行所――ダイヤモンド社
〒150-8409　東京都渋谷区神宮前6-12-17
https://www.diamond.co.jp/
電話／03･5778･7235（編集）　03･5778･7240（販売）

ブックデザイン―近藤由子（VPデザイン室）
製作進行/DTP―ダイヤモンド・グラフィック社
印刷／製本―ベクトル印刷
編集担当――久我 茂／花岡則夫


ISBN 978-4-478-11935-8